Bonner Geschichte in Bildern

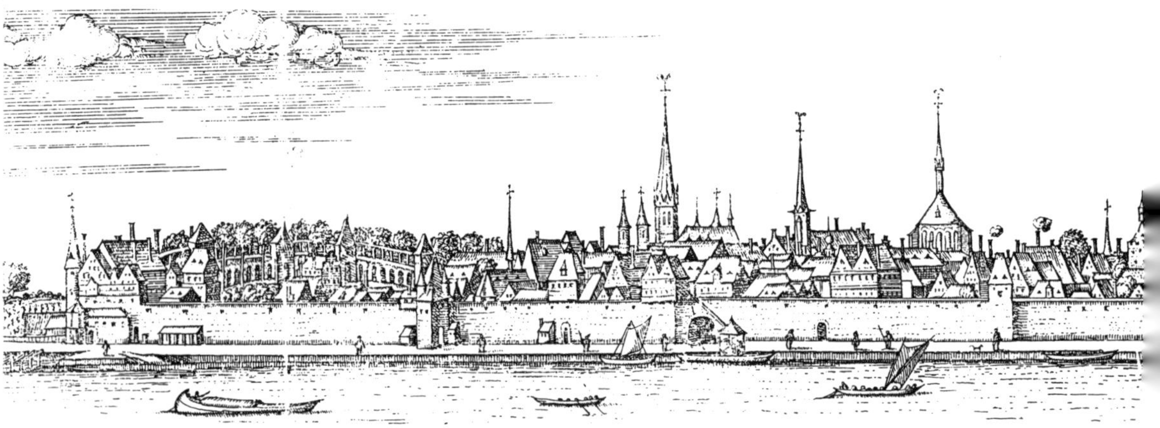

Norbert Schloßmacher

Bonner Geschichte in Bildern

Wienand Verlag

Stadtgeschichte in Bildern
Band I

Umschlag- und Titelbild
Ansicht der Stadt Bonn.
Nach einem Stich von Franz Hogenberg, 1575.

CIP-Titelaufnahme der Deutschen Bibliothek
Schloßmacher, Norbert:
Bonner Geschichte in Bildern/
Norbert Schloßmacher. – Köln: Wienand, 1989
(Stadtgeschichte in Bildern; Bd. 1)
ISBN 3-87909-200-1
NE: GT

Gestaltung Claudia von Velsen
unter Mitarbeit von Lena Mozer
Lektorat Marta Ausserhofer
Gesamtherstellung Druck- & Verlagshaus Wienand

ISBN 3-87909-200-1

Inhalt

Das Bonner Münster.

Lithographie von Deroy aus der Mitte des 19. Jahrhunderts.

Vorwort

Bonner Geschichte in Bildern ist Stadtgeschichte einmal anders dargestellt. Ihr Erscheinen fällt zusammen mit dem Beginn der 2000-Jahr-Feier der Stadt Bonn. Zwangsläufig regt ein solches historisches Jubiläum zur Beschäftigung mit der Vergangenheit an. Zudem sind stadtgeschichtliche Forschungen in den letzten Jahren wieder stärker in den Mittelpunkt des Interesses gerückt. So bereitet eine Reihe namhafter Wissenschaftler derzeit ein mehrbändiges Werk über die Geschichte der Stadt Bonn vor. Eine solche Arbeit kann und will das vorliegende Buch nicht ersetzen. Vielmehr wird hier der Versuch unternommen, in einem neuartigen Verhältnis zwischen Bild und Text der doppelten Aufgabe des Historikers gerecht zu werden, nämlich zu informieren und gleichzeitig zur Auseinandersetzung mit der Vergangenheit anzuregen.

Bilder sind der Ausgangspunkt, ja, das Wesentliche vorliegender Stadtgeschichte. An ihnen orientiert sich der Aufbau, die Dramaturgie, an ihnen entwickeln sich die Texte, nicht umgekehrt. Die Bilddokumente umfassen steinerne Zeugnisse der Antike, Kirchenfenster und Buchtitel, mittelalterliche und frühneuzeitliche Stiche und Zeichnungen, Flugblätter, Plakate, Speisekarten, Zeitungsausschnitte, Postkarten und selbstverständlich viele Photos. Da aber Bilder nicht sich selbst genügen und die Geschichte einer Stadt nur in der Gesamtschau verständlich wird, bedürfen sie der textlichen Erschließung und Erläuterung. Unsere Schilderung in Wort und Bild folgt dem chronologischen Ablauf der Geschehnisse, wobei jede Seite oder Doppelseite einen in sich geschlossenen historischen Abschnitt umfaßt. Schlagzeilen stellen die zentralen Ereignisse heraus.

Selbstverständlich konnten nicht alle Aspekte, vor allem nicht alle Einzelheiten der Bonner Vergangenheit aufgegriffen werden. Zum einen sollte ein handliches Buch entstehen – aus diesem Grunde wurde auch auf die Erwähnung von Quellen und Literatur verzichtet –, zum anderen läßt sich nicht jede Facette der Stadtgeschichte in Bildern fassen. Für

Abbildungen gilt, was für die gesamte historische Forschung zutrifft: Nicht jede Phase, nicht jedes Ereignis ist in gleicher Dichte und Intensität überliefert. So ist beispielsweise das Zeitalter des Barock in überreicher Fülle dokumentiert, die Epoche des frühen Mittelalters hingegen in jeder Hinsicht äußerst arm an Quellen. Ähnlich ist die Situation bei den sogenannten kleinen Leuten. Bis weit in das Zeitalter der Photographie hinein wurden sie in ihrem Alltag und ihren Lebensbedingungen nur gelegentlich und dann meist nur in beschönigender Weise dargestellt. Eine weitere Schwierigkeit ergab sich bei der Zusammenstellung der Bilddokumente aus der Notwendigkeit, selbstverständlich nur Abbildungen aus Bonn zu benutzen. Diese standen aber nicht immer in wünschenswerter Qualität zur Verfügung. Auf diese Tatsache mußte Rücksicht genommen werden. Wenn irgendwie möglich, wurden zeitgenössische Vorlagen verwendet; sie allein gewährleisten die vom Historiker anzustrebende Authenzität.

Unser Rundgang durch die Bonner Stadtgeschichte beginnt bei altsteinzeitlichen Funden. Vorbei am römischen Bonn führt der Weg in die mittelalterliche Stadt, deren Silhouette beherrscht wird von den zahlreichen Kirchen mit dem fünftürmigen Münster im Mittelpunkt und von der in der Mitte des 13. Jahrhunderts angelegten Stadtmauer mit ihren Toren und Zinnen. Wir erleben, wie Bonn im Spätmittelalter zur bedeutendsten Stadt im weltlichen Herrschaftsgebiet der Kölner Erzbischöfe wird, nachdem die große Nachbarstadt Köln, in deren Schatten Bonn wirtschaftlich und politisch stand, zur freien Reichsstadt aufgestiegen war. Am Ende des 16. Jahrhunderts übernimmt Bonn gar die Rolle der kurkölnischen Haupt- und Residenzstadt. Wiederholt wird sie in kriegerische Auseinandersetzungen verstrickt, die mit der nahezu vollständigen Zerstörung der Stadt im Jahre 1689 ihren traurigen Höhepunkt erreichen. Nach dem raschen Wiederaufbau begegnet uns die Stadt dann im 18. Jahrhundert auf dem Gipfel barocker Prachtentfaltung.

Nach zwei Jahrzehnten der Zugehörigkeit zu Frankreich beginnt 1815 die Epoche der preußischen Herrschaft am Rhein. Wir nehmen teil an der Gründung der Rheinischen Friedrich-Wilhelms-Universität, erleben Bonn im Zeichen der Rheinromantik und als eine der wohlhabendsten Städte Preußens, die vom Weltkrieg und den sich anschließenden Krisen besonders hart getroffen wird. Das sogenannte Dritte Reich bringt hier wie überall großes Unheil.

1949 schließlich übernimmt die ehemalige kurfürstliche Haupt- und Residenzstadt erneut die Funktion einer Hauptstadt, zunächst nur vorläufig, da man die Teilung Deutschlands bald zu überwinden hoffte und

Berlin wieder seine bisherige Rolle übertragen wollte. Wir nähern uns damit der Gegenwart und stellen fest, daß sich die Hauptstadt der Bundesrepublik Deutschland in einem Prozeß der Umgestaltung befindet: Während Bonn als Hauptstadt zunächst ein bewußt angestrebtes Provisorium war, gilt es nun, aufgrund der veränderten politischen Gegebenheiten diesen Zustand zu überwinden. Ein gelegentlicher Blick zurück in die Geschichte kann angesichts solcher Entwicklungen nur hilfreich sein.

Auf unserem Gang durch die Bonner Geschichte waren auch die benachbarten Orte Beuel, Bad Godesberg sowie einige weitere Gemeinden mit einbezogen, die seit der Raumordnung 1969 zu Bonn gehören und deren Vergangenheit nunmehr Teil der Bonner Stadtgeschichte geworden ist.

An dieser Stelle ist es mir ein Bedürfnis, allen, die an der Entstehung des Buches mitgewirkt haben, meinen Dank zu sagen. In erster Linie danke ich dem Verleger Michael Wienand, der die Idee zu diesem Buch hatte und mir die angenehme Aufgabe übertrug, mit der Bundeshauptstadt die neue Reihe des Wienand-Verlages *Stadtgeschichte in Bildern* zu eröffnen. Es war eine überaus anregende, dabei lehrreiche Zusammenarbeit, die ich auch der engagierten Mitarbeit von Marta Ausserhofer, Claudia von Velsen und Lena Mozer verdanke. Bei meinen Recherchen haben mich Kolleginnen und Kollegen des Stadtarchivs und der wissenschaftlichen Stadtbibliothek Bonn unterstützt. Aus diesem Institut stammt der allergrößte Teil der Abbildungen. Dank gebührt schließlich in besonderer Weise meiner Frau Hildegund für ihre Begleitung durch die *Bonner Geschichte in Bildern*.

Bonn, im Dezember 1988

Grabstein des römischen Hauptmanns Marcus Caelius, der in der für die Geschichte des Rheinlandes so bedeutsamen Schlacht im Teutoburger Wald im Jahre 9 n. Chr. fiel.

Castra Bonnensia

Bonn in der Römerzeit

Die Sandsteinfigur des Cäsar befand sich ursprünglich am bonnseitigen Aufgang zur 1898 eingeweihten Rheinbrücke und war eigens hierfür geschaffen worden. Sie überstand die Zerstörungen des Jahres 1945 und wird im Laufe des Jubiläumsjahres 1989 auf dem Rheindeich bei der Schwarzrheindorfer Doppelkirche aufgestellt.

CÄSAR WAR NICHT DER ERSTE, DEN ES AN DEN RHEIN ZOG. 50000 Jahre alt sind in Bonn die ältesten menschlichen Spuren. Etwa in diese Phase der älteren Altsteinzeit werden Faustkeile datiert, die im Ortsteil Muffendorf gefunden wurden.

Aus der jüngeren Altsteinzeit, um 30000 v. Chr., stammen Werkzeuge, die im Bereich des Marienforster Tals, ebenfalls im Stadtbezirk Bad Godesberg, entdeckt wurden. Diese Fundstelle gilt als die reichste ihrer Art im nördlichen Rheinland. 1914 wurden bei Steinbrucharbeiten im rechtsrheinischen Oberkassel die Überreste eines Mannes, einer Frau und eines Hundes entdeckt, die um 12000 v. Chr. dort begraben worden sind. Dieser Hund wird übrigens seit kurzem von der Wissenschaft als das älteste bislang bekannte Haustier der Welt bezeichnet.

Auch von Menschen der Jungsteinzeit wissen wir. Um 4000 v. Chr. legten sie auf dem Venusberg einen Festungswall an, der erst 1986 als solcher identifiziert werden konnte. Weitere Siedlungsspuren finden sich für das letzte vorchristliche Jahrtausend. Dazu gehören beispielsweise die bronzezeitlichen Grabhügel im Rechtsrheinischen.

Im Zuge der Eroberung Galliens und damit auch des Rheinlandes durch Cäsar (58–50 v. Chr.) wird der im Bonner Raum ansässige germanische Stamm der Eburonen ausgerottet. Nur wenig später, wohl um das Jahr 38, siedelt der neue römische Statthalter in Gallien, Agrippa, den Rom ergebenen Stamm der Ubier in der Gegend von Bonn an. Mit diesen Germanen, denen die Archäologen einen 1983 bei Grabungen vor der Bonner Oper gefundenen Töpferofen aus dem 3. vorchristlichen Jahrzehnt zuschreiben, beginnt die eigentliche Phase der kontinuierlichen Besiedlung Bonns.

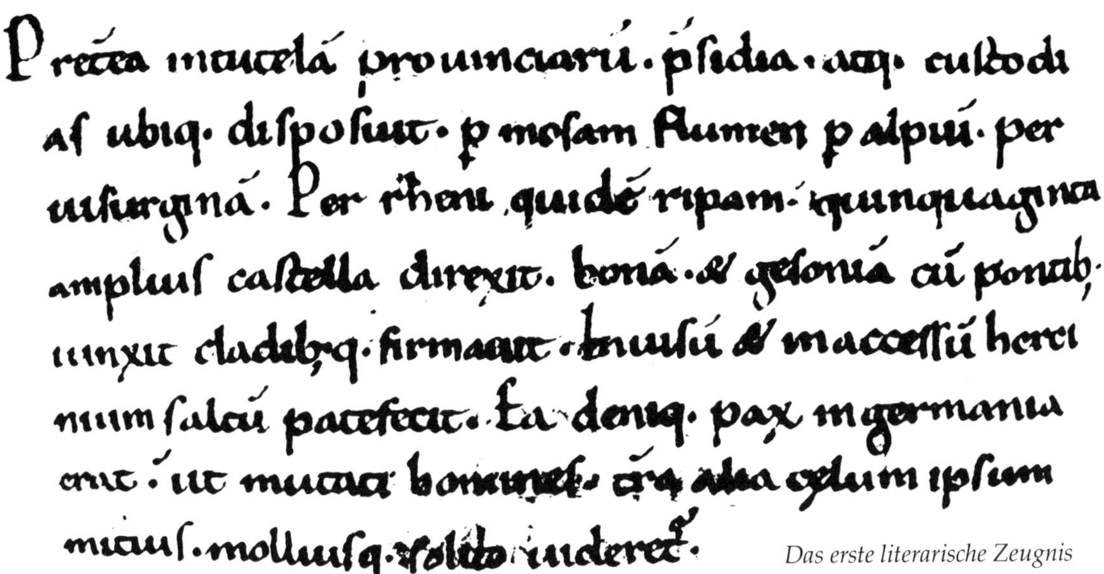

Preterea in tutelá prouinciarú · p̄sidia · atq; custodi
as ubiq; disposuit · p mosam flumen p albiú · per
uisurginá · Per rheni quidé ripam · quinquaginta
amplius castella direxit · bonná · & gesoniá cú pontib;
iunxit classibq; firmauit · Inuisú & inaccessú herci
nium saltú patefecit · Ea denq; pax in germania
erat · ut mutati homines · alia terra · celum ipsum
mitius · molliusq; solito uideret ·

Das erste literarische Zeugnis für den Ortsnamen Bonn findet sich beim römischen Schriftsteller Florus. Die Textstelle (aus dem ›Codex Palatinus 1568‹ des 10. oder 11. Jahrhunderts) bezieht sich auf Ereignisse der Jahre 13/12–9 v. Chr. und erwähnt u. a. den Bau einer Rheinbrücke bei Bonn – Grund genug, um ein Stadtjubiläum zu feiern.

Nach der Inbesitznahme des linksrheinischen Gebietes durch die Römer galt das Augenmerk der neuen Herren nunmehr den Ländern zwischen Rhein, Main und Elbe. Folgt man den Schilderungen des römischen Schriftstellers Lucius Annäus Florus aus dem 2. nachchristlichen Jahrhundert, so ließ der Feldherr Drusus, ein Stiefsohn des Kaisers Augustus, im Zuge der nun beginnenden Offensive in den Jahren zwischen 13/12 und 9 v. Chr. bei Bonn eine Brücke über den Rhein schlagen. Die Besetzung des *freien Germaniens* mit dem Ziel, auch dieses Land dem römischen Reich einzuverleiben, war über Jahre hinweg von Erfolg gekrönt, ehe die berühmte Schlacht im Teutoburger Wald vom Jahre 9 n. Chr. den Römern eine ihrer schwersten militärischen Niederlagen zufügte. Germanien war damit auf Dauer für die Römer verloren; aus den Offensivstellungen am Rhein wurden Defensivstellungen zur Sicherung der Grenze.

Um 50 n. Chr. in Rom geprägte Sesterze mit dem Bildnis des Feldherrn Drusus.

Die Reste des römischen Legionslagers im damals völlig unbebauten Bonner Norden nach einer Darstellung des 19. Jahrhunderts.

Mit der Verlegung der beiden zuvor in Köln stationierten Legionen nach Bonn und Neuss in den 30er Jahren des ersten nachchristlichen Jahrhunderts wurden die beiden Orte neben Xanten Hauptstützpunkte der römischen Armee im Rheinland. Das bereits um Christi Geburt im Gebiet zwischen Universität und Bertha-von-Suttner-Platz errichtete Truppenlager war zu klein, um die neue, bis zu 7000 Mann starke Einheit aufzunehmen. Eine Legionsfestung, *castra* genannt, entstand nördlich des heutigen Stadtkerns. Typisch für derartige Anlagen ist der heute noch im Straßenbild sichtbare, fast quadratische Grundriß (528×524 m) mit zwei rechtwinklig sich schneidenden Straßen, der *via principalis* und der *via praetoria*. Das von einer Holz-Erde-Befestigung umgebene Lager besaß vier große Tore. Der Innenraum des Lagers mit seiner Fülle von Kasernen, Verwaltungs- und Versorgungsbauten wurde äußerst pragmatisch genutzt. Im allgemeinen handelte es sich dabei um Fachwerkkonstruktionen mit Ausnahme vielleicht des Hauses des Kommandanten und des Verwaltungstrakts, die aus Steinmaterial errichtet waren. Der Versorgung, aber auch rein militärischen Zwecken diente ein kleiner Hafen, der am Rheinufer angelegt wurde.

DIE EHER RUHIGEN VERHÄLTNISSE AM NIEDERGERMANISCHEN LIMES wurden empfindlich gestört durch die auf den Tod Kaiser Neros (68 n. Chr.) folgenden Thronwirren. Als *Vierkaiserjahr* haben die Geschichtsschreiber das folgende Jahr festgehalten. Binnen weniger Wochen lösten vier Kaiser einander in der Regierung ab: Galba, Vitellius, Otho und Vespasian.

Zu schweren kriegerischen Auseinandersetzungen kam es am Nieder- und Mittelrhein, als die Bataver, ein in den heutigen Niederlanden beheimatetes Volk, den Aufstand probten. Es entwickelte sich eine Art Bürgerkrieg, da die Bataver als Verbündete Roms galten und zahlreiche Hilfstruppenkontingente für das römische Heer stellten. Der Aufstand wurde nach zahlreichen und heftigen Kämpfen niedergeschlagen, in deren Verlauf auch das Bonner Lager in Flammen aufging. Zehn Jahre, bis 79, dauerte der diesmal in Stein ausgeführte Wiederaufbau. Von den Geschehnissen während des Bataveraufstandes berichtet ausführlich der römische Geschichtsschreiber P. Cornelius Tacitus und erwähnt dabei mehrmals *Bonna* und die *castra Bonnensia*.

Teil des Grabsteins des Vonatorix, der einer in Bonn stationierten berittenen Hilfstruppeneinheit, der ›ala Longiniana‹, angehörte.

Die auf dem Weihestein dargestellten Matronen waren Objekt der Verehrung. Der aus Bonn stammende Stein belegt die hohe Fertigkeit der niedergermanischen Bildhauer, in deren Werkstätten er im Jahre 164 gearbeitet wurde.

Statuette eines Merkur aus Silber, nur etwa 8 cm hoch; Anfang 1. Jahrhundert n. Chr.

KEIN LEGIONSLAGER OHNE VORSTADT (*canabae legionis*) – so war es auch in Bonn. Südlich des Lagers, entlang der Straße nach Mainz siedelten Handwerker, Kaufleute, Wirte mit ihren Familien sowie die aus keiner Garnison wegzudenkenden Freudenmädchen. Unweit der Vorstadt, auf dem Gelände des im 19. Jahrhundert errichteten Theologenkonvikts *Collegium Albertinum* wurden unlängst die Reste eines palastartigen Gebäudes mit eigenen Thermenanlagen aus dem 3. Jahrhundert entdeckt, bei denen es sich nach ersten, noch keinesfalls gesicherten Erkenntnissen um das Quartier prominenter Reisender handeln könnte. Zu denken wäre beispielsweise an die Statthalter der beiden römischen Provinzen am Rhein, Niedergermanien mit der Hauptstadt Köln und Obergermanien mit der Hauptstadt Mainz, wie sie um 85 n. Chr. von Kaiser Domitian bestimmt worden waren. Noch weiter südlich im Bereich des heutigen Regierungsviertels gab es eine weitere, vornehmlich aus Handwerkern bestehende Zivilsiedlung. Schätzungsweise haben während der Blütezeit des römischen Bonn im 2. und am Anfang des 3. Jahrhunderts weit mehr als 10000 Menschen hier gelebt. In der Gegend der heutigen Bonner Stadtteile Auerberg, Buschdorf, Endenich,

Bei dem in Bonn gefundenen, aus dem Ende des 2. Jahrhunderts stammenden Relieffragment handelt es sich möglicherweise um die Darstellung eines Totenmahls, das am Geburts- und Sterbetag des Toten im Familienkreis gehalten wurde.

Friesdorf und Röttgen, aber auch in der weiteren Umgebung wurden große Gutshöfe (*villae rusticae*) angelegt, die die Nahrungsmittelversorgung gewährleisten sollten. Außerhalb lagen weit verstreut die Begräbnisplätze. Erst für das 3. und 4. Jahrhundert läßt sich eine Konzentrierung der Bestattungen im Bereich des späteren Münsters nachweisen. Kultisches nahm einen hohen Stellenwert im Leben der Römer ein und trug zum Erhalt des Staatsgefüges bei. Verlangt wurde die Ausübung der offiziellen Staatsreligion, in deren Mittelpunkt neben dem Kaiserkult die Verehrung für Jupiter, seine Frau Juno sowie seine Tochter Minerva stand. Erst an zweiter Stelle kamen andere Gottheiten, wie Venus, Mars und Merkur. Gleichzeitig gestatteten die Römer die Beibehaltung der einheimischen Riten. Am weitesten verbreitet war in unserem Raum die Verehrung lokaler Muttergottheiten, der sogenannte Matronenkult, sowie der ursprünglich aus dem Orient stammende Kult des persischen Lichtgottes Mithras.

Nicht nur im Bereich der heutigen Bonner Innenstadt läßt sich die römische Präsenz am Rhein nachweisen. So wurde beispielsweise auf dem strategisch hervorragend gelegenen Godesberg nahe der wichtigen Straße nach Mainz unter der mittelalterlichen Burg ein Wachtturm des 2./3. Jahrhunderts gefunden. In Duisdorf, Lengsdorf, im Kottenforst sowie selbst im rechtsrheinischen Geislar entdeckte man Reste von Lagern, die wahrscheinlich in der zweiten Hälfte des 1. Jahrhunderts bei Manövern zu Übungszwecken errichtet worden waren. Offensichtlich nutzten die Römer auch Gebiete rechts des Rheins, die ja nicht zum römischen Imperium gehörten, für ihre Zwecke. Erwiesen ist zumindest, daß der Bereich der Siegmündung als Viehweide in Gebrauch war.

Teil eines in die mittelalterliche Godesburg vermauerten Weihealtars aus den Jahren 193/194 n. Chr. Der Altar war den Gottheiten Aesculap und Hygia gewidmet.

Der ›Mendener Stein‹, der um das Jahr 200 n. Chr. von einem Hauptmann der Bonner Garnison zur Erinnerung an die Kultivierung von Weideland an der unteren Sieg errichtet worden ist.

Grabplatte mit Christusmonogramm aus Bonn. Um 400 n. Chr.

DAS ENDE DER RÖMISCHEN HERRSCHAFT AM RHEIN ist schnell erzählt. Das von der eigentlichen Bonner Legion, der *legio I Minervia,* seit zwei Jahrhunderten bewohnte Lager und mit ihm weite Teile der zivilen Siedlungen wurde bereits 275 von Germanen gestürmt und anschließend wieder aufgebaut. Das gleiche geschah in den Jahren 353/355; noch einmal konnte sich Rom im Rheinland behaupten. Die Händler und Handwerker aber waren schon nach der ersten Katastrophe in das befestigte Lager gezogen und wohnten dort mit ihren Familien Seite an Seite mit den Soldaten. Das auseinanderbrechende Weltreich war dann auf Dauer jedoch nicht mehr in der Lage, die entfernt gelegenen Provinzen zu sichern. Wohl in der Mitte des 5. Jahrhunderts verließen die letzten verbliebenen Truppenkontingente das Rheinland.
Parallel zum Niedergang des römischen Einflusses im Rheinland vollzog sich der Aufstieg des Christentums, dessen Verbreitung sich seit dem 4. Jahrhundert durch archäologische Funde auch in Bonn nachweisen läßt.

DAS CHRISTENTUM BREITETE SICH AM RHEIN AUS in dem Maße, wie Rom in dieser Region an Macht verlor. Für das Jahr 313 läßt sich der erste Kölner Bischof mit Namen Maternus nachweisen. Ebenfalls aus dem 4. Jahrhundert stammt das älteste Zeugnis christlichen Lebens in Bonn. 1928 wurde bei Grabungen unter der Münsterkirche eine Totengedenkstätte, eine *cella memoriae* entdeckt. Hier versammelten sich die Christen zum Gedächtnis an ihre Verstorbenen. Am Ende des 4. Jahrhunderts wurde über dieser *cella* eine erste bescheidene Saalkirche errichtet, die der Legende nach auf Helena, Mutter Kaiser Konstantins des Großen, zurückgeht – eine schöne, doch allein schon aufgrund der Chronologie unwahre Geschichte.

Anfang der Gereonlegende aus dem ›duytschen passionail‹ von 1485 mit den Märtyrern Gereon, Viktor, Cassius und Florentius.

Schergen töten im Auftrag des Kaisers die Soldaten Cassius, Florentius und Mallusius, die sich weigern, dem Götzen zu opfern. Unsignierte Darstellung des 19. Jahrhunderts.

Bronzefigur der hl. Helena im Bonner Münster; aufgrund neuerer Forschungen wohl das Hauptwerk des aus Augsburg stammenden und in Köln tätigen Jeremias Geißelbrunn, der um 1630 das Gußmodell anfertigte.

Ebenso eindrucksvoll wie historisch unhaltbar ist eine andere fromme Überlieferung. Ihr zufolge wurde das älteste Bonner Gotteshaus über den Gräbern der Märtyrer Cassius, Florentius und Mallusius errichtet, die während der großen Christenverfolgung unter Kaiser Diokletian (248–305) den Tod gefunden haben sollen. Sie waren Soldaten der aus dem ägyptischen Theben stammenden Legion, die am Niederrhein einen Aufstand niederschlagen sollte. Der Thebäischen Legion gehörten auch die legendären Gereon und Viktor an, die in Köln bzw. Xanten das Martyrium erlitten haben sollen und über deren Gräber ebenfalls im Laufe der Jahrhunderte prachtvolle Gotteshäuser errichtet wurden. Zahlreiche Erzählungen ranken sich um die oft zitierte Thebäische Legion und ihre Märtyrer, deren Spuren sich von Norditalien bis in das Rheinland verfolgen lassen. Zweifellos liegt auch dieser Legende ein wahrer Kern zugrunde. Sicher ist nur, daß eine Bonner Christengemeinde schon in der Spätantike bestand.

Älteste Darstellung der Stadt Bonn vor der Silhouette des Siebengebirges.

Ausschnitt aus einem Altarbild des Meisters der Verherrlichung Mariae, 2. Hälfte des 15. Jahrhunderts.

Die landesherrliche Stadt im Mittelalter

AUF DIE RÖMER FOLGTEN AM RHEIN DIE FRANKEN. Dieser in den ersten nachchristlichen Jahrhunderten im Gebiet zwischen Weser und Rhein aus mehreren germanischen Gruppen zusammengewachsene Stammesverband hatte schon im 3. Jahrhundert Raubzüge nach Westen unternommen und dabei die Rheingrenze überschritten.

Als dann im Laufe des 5. Jahrhunderts die letzten römischen Truppen das Rheinland verließen, drängten die Franken nach. Die einzelnen Etappen dieser Invasion sind nicht bekannt, denn diese Epoche ist äußerst arm an Quellen. Als sicher gilt, daß die Franken nicht im Zuge einer großen Einwanderungswelle, sondern nach und nach in die römischen Rheinprovinzen zogen und sich in den bestehenden politischen und militärischen Zentren niederließen. Diese Kontinuität läßt sich in den Städten und stadtähnlichen Siedlungen nachweisen. Mit ihrem König, dem Merowinger Chlodwig I. (481–511), der sich kurz vor 500 taufen ließ, nahmen sie allmählich das Christentum an. Der erste Beleg dafür, daß Bonn auch unter den frühen Franken nicht ohne Bedeutung war, sind die Münzprägungen des Merowingerkönigs Theudebert I. (533–547).

Anders war die Situation auf dem Lande, das verödete und erst im Spätmittelalter wieder eine mit der römischen Zeit vergleichbare Bevölkerungsdichte erlangte.

Grabstein, wohl aus dem 7. Jahrhundert, 1898 in der Kasernenstraße gefunden. Die christlichen wie heidnischen Symbole deuten auf den kulturellen Umbruch jener Epoche.

Das markante fünftürmige Bonner Münster, Kirche des ehemaligen Cassiusstiftes, seit 1804 Pfarrkirche St. Martin. Der in mehreren Etappen errichtete Bau zeigt seit der ersten Hälfte des 13. Jahrhunderts im wesentlichen die heutige Gestalt.

Glasgemälde im Langhaus der Kreuzherrenkirche Ehrenstein/Wied.

DIE FRÄNKISCHE SIEDLUNG UMFASSTE SOWOHL DAS EHEMALIGE RÖMERLAGER, das *castrum Bonna* mit der vielleicht schon im 6. Jahrhundert angelegten Dietkirche (= Volkskirche), als auch die *villa basilica*, wie der Bereich um die Grabkirche der legendären Märtyrer Cassius und Florentius genannt wurde. Hieran grenzte die erstmals im 9. Jahrhundert erwähnte kleine Fernhändlersiedlung, der *vicus Bonnensis*. Das durch die alten Lagermauern begrenzte Dorf um die Dietkirche war lange Zeit die bedeutendere Siedlung. Bei ihr lag auch weiterhin die alte Ortsbezeichnung Bonn. Wirklichen Schutz scheinen die römischen Mauern jedoch nicht mehr geboten zu haben. Anders ist jedenfalls nicht zu erklären, daß die Bonner Geistlichkeit samt Reliquien und heiligem Gerät im Jahre 881 vor den plündernden und brandschatzenden Normannen in das weit entfernte Mainz flüchteten.

Die zunächst „in der Vorstadt gelegene" Siedlung um die in den Jahren 691/692 erstmals erwähnte, dann um 780 zum Stift ausgebaute Cassiuskirche nahm im Laufe der Zeit stetig an Größe und Bedeutung zu. Um die Jahrtausendwende kam es zu einer Schwerpunktverlagerung: Die mittlerweile befestigte Stiftsstadt, der *vicus* und die schließlich rheinwärts entstehende offene Marktsiedlung – 1211 als *oppidum Bonnense* bezeichnet – übernahmen den Ortsnamen Bonn, und die eigentliche Stadtwerdung begann. Der frühere Siedlungskern im alten Römerlager verlor vollends an Gewicht; übrig blieb ein Gotteshaus, bei dem kurz vor 1015 ein Damenstift gegründet wurde, umgeben von einem bescheidenen Marktflecken weit außerhalb der entstehenden Stadt.

DER RHEINSTROM WAR IN DER RÖMERZEIT eine politische und kulturelle Grenze. Im Zuge der Christianisierung verschwand diese Trennung allmählich; die beiden Ufer kamen sich gleichsam näher. In Schwarzrheindorf beispielsweise lassen sich kontinuierliche Bestattungen seit dem 5. Jahrhundert, in Vilich seit dem 6./7. Jahrhundert nachweisen. Im 8. oder 9. Jahrhundert wurde in Vilich eine Pfarrkirche errichtet, deren Sprengel von Königswinter im Süden bis zur Sieg im Norden reichte. Um das Jahr 978 gründete das aus dem niederen Adel stammende Ehepaar Gerberga und Megingoz bei diesem Gotteshaus ein Damenstift, dessen erste Vorsteherin ihre Tochter Adelheid wurde. Schon zu Lebzeiten hoch verehrt, starb sie um 1015 im Ruf der Heiligkeit. Häufige und aufwendige Baumaßnahmen, auch infolge wiederholter Kriegszerstörungen, brachten das Stift mehrfach in finanzielle Bedrängnis. Seit dem 11./12. Jahrhundert war die dem hl. Petrus geweihte Kirche ausschließlich den Stiftsdamen vorbehalten. Erst als die in unmittelbarer Nähe stehende Pfarrkirche St. Paulus im Jahre 1765 infolge eines Hochwassers einstürzte, übernahm die Stiftskirche auch die Funktion

Pfarrkirche St. Peter in Vilich, bis zum Ende des 18. Jahrhunderts Gotteshaus des dortigen Damenstifts, das im 11. Jahrhundert zeitweise die Benediktinerregel angenommen hatte. Der hochgotische Chorbau stammt aus der 2. Hälfte des 13. Jahrhunderts, das Querschiff aus den Jahren 1590/95. Um 1700 entstand der Turm.
Zeichnung von Aimé Henry, 1869

einer Pfarrkirche. Bis heute erfüllt sie diesen Zweck, da die Säkularisation zu Beginn des 19. Jahrhunderts lediglich das Stift, nicht jedoch die Kirchengemeinde auflöste.
Unweit der Ortschaft Vilich, in Schwarzrheindorf bei einem alten Rheinübergang, entstand im 12. Jahrhundert ein weiteres Damenstift. Der Kölner Dompropst und spätere Erzbischof Arnold von Wied ließ im April 1151 in Anwesenheit prominenter Gäste, darunter König Konrad III., eine bei der Burg seiner Familie errichtete Kapelle weihen. Dieses wahre Juwel romanischer Baukunst mit seinen Freskenmalereien nach Themen aus dem Buche des Propheten Ezechiel wurde nach dem Tod des Bauherrn im Jahre 1156 Mittelpunkt eines Benediktinerinnenklosters, das im späten Mittelalter ebenfalls die weniger strenge Stiftsregel annahm. Nach der Säkularisation konnte die Doppelkirche mit ihren beiden übereinanderliegenden Gottesdiensträumen nur knapp vor dem Abriß bewahrt werden. Seit 1868 dient sie als Gotteshaus für die im gleichen Jahr errichtete Pfarrgemeinde St. Clemens.

Doppelkirche Schwarzrheindorf. Als Burgkapelle in der ersten Hälfte des 12. Jahrhunderts errichtet, in der zweiten Jahrhunderthälfte zur Kloster- bzw. Stiftskirche erweitert. Seit 1868 Pfarrkirche St. Clemens.

Aquarellierte Zeichnung von Conrad Caspar Rordorf, 1827

Pfarrkirche St. Martin an der Südostseite des Münsters. Der romanische Zentralbau aus dem 11. Jahrhundert wurde 1812 niedergelegt.

St. Remigius mit angrenzendem Friedhof im Bereich des heutigen Remigiusplatzes. Als Pfarrei wohl schon im 8. Jahrhundert gegründet, mußte das Gotteshaus, dessen Alter und Aussehen im einzelnen nicht bekannt sind, 1806 niedergelegt werden. Die Pfarrrechte wurden damals auf die frühere Minoritenkirche in der Brüdergasse übertragen.

Die Kirche hatte für den Menschen des Mittelalters eine mit unserer Zeit nicht mehr vergleichbare Bedeutung. Der Glaube und die Kirchenfeste bestimmten das Leben und den Jahreslauf eines jeden. Kirchenbauten prägten das äußere Bild und in großem Maße die Entwicklung von Dorf und Stadt. Nicht anders war es in Bonn, wo bis zum hohen Mittelalter nicht weniger als vier Pfarrkirchen entstanden: Die Dietkirchengemeinde umfaßte die Siedlung im früheren Römerlager sowie die weiter nördlich gelegenen Vororte Dransdorf und Graurheindorf, wo wahrscheinlich im frühen 13. Jahrhundert eine eigene Pfarrei und ein Zisterzienserinnen-Konvent begründet wurden. Im eigentlichen Stadtgebiet standen drei weitere Pfarrkirchen: St. Remigius und St. Martin, wohl schon aus dem 8. Jahrhundert, sowie die erst im 12. Jahrhundert errichtete Gemeinde und Kirche St. Gangolf.

Geistliches Zentrum war und blieb die Kirche der hll. Cassius und Florentius, bei der schon früh eine Gemeinschaft von Klerikern bestand, die aber nie Pfarrkirche war. Die Leitung des Stifts lag in den Händen des Erzbischofs von Köln, dessen Vertreter, die Pröpste, ständig an Einfluß gewannen. Die Bonner Pröpste hatten gleichzeitig das Amt des Archidiakons inne, wodurch sie mit bischofsähnlichen Rechten für den gesamten Südteil der Erzdiözese ausgestattet waren. Der Propst des Cassiusstiftes sollte im Laufe der Zeit zum bedeutendsten Prälaten hinter dem Erzbischof selbst aufsteigen.

St. Martin oberhalb und St. Gangolf unterhalb des Cassiusstiftes. Die ältere Martinspfarre entstand ebenfalls im 8. Jahrhundert, um 1140 wurde südöstlich des Münsterchors ein neues Gotteshaus als romanische Rotunde errichtet, welche 1812 einstürzte, nachdem dringende Restaurierungsmaßnahmen an diesem einzigartigen Bauwerk unterblieben waren. Schon 1804 war der Gottesdienst aus der Martinskirche in die Kirche des Cassiusstifts verlegt worden, die damit auch das Martinspatrozinium übernahm. Jüngeren Datums sind Kirche und Pfarrei St. Gangolf westlich des Stifts. Im 12. Jahrhundert gegründet, wurden sie aufgelöst bzw. abgebrochen im Jahre 1806.

Ausschnitte einer Umzeichnung des Merian-Plans der Stadt Bonn von 1646.

NICHT NUR IN GEISTLICHER HINSICHT übten die Erzbischöfe von Köln ihre Herrschaft in Bonn aus. Durch eine engagierte Territorialpolitik schufen sich die am Rhein wirkenden Oberhirten einen weltlichen Machtbereich, in dem sie seit dem 12. Jahrhundert eine herzogliche Stellung einnahmen. Mit der nicht genau zu datierenden Übernahme der Gerichtsrechte in Bonn übernahmen die Erzbischöfe gleichzeitig die Rolle der Stadtherren. Auf dem Münsterplatz befand sich die erzbischöfliche Gerichtsstätte; hier standen die Prangersäule und der steinerne Löwe als Symbol der Gerichtsgewalt. Während der Pranger an seinem ursprünglichen Ort belassen wurde, schmückt der Löwe, das Bonner Wappentier, heute den Eingang des Rathauses.

Die Kölner Erzbischöfe wurden die vielleicht einflußreichsten Territorialherren zwischen Maas und Weser. Prädestiniert als Hauptstadt des sich bildenden Territoriums war die Stadt Köln aufgrund ihrer Lage, Größe und Wirtschaftskraft. Jedoch kam es immer wieder zu Auseinandersetzungen zwischen den Erzbischöfen als Stadt- und Landesherren und den selbstbewußten, um Emanzipation ringenden Patrizierfamilien. Daher förderten die Erzbischöfe kleinere Orte, gründeten Städte und sicherten sich deren Ergebenheit und Unterstützung.

In diesen Rahmen fällt die Urkunde Konrads von Hochstaden vom 18. März 1244, mit welcher der Erzbischof die Befestigung Bonns anordnete und damit den entscheidenden Schritt in Richtung auf die endgültige Stadtwerdung tat.

Grabmal Erzbischofs Konrad von Hochstaden (1238–1261) im Kölner Dom. Nach Edith Ennen war er „vielleicht die größte politische Begabung, über die Deutschland damals verfügte".

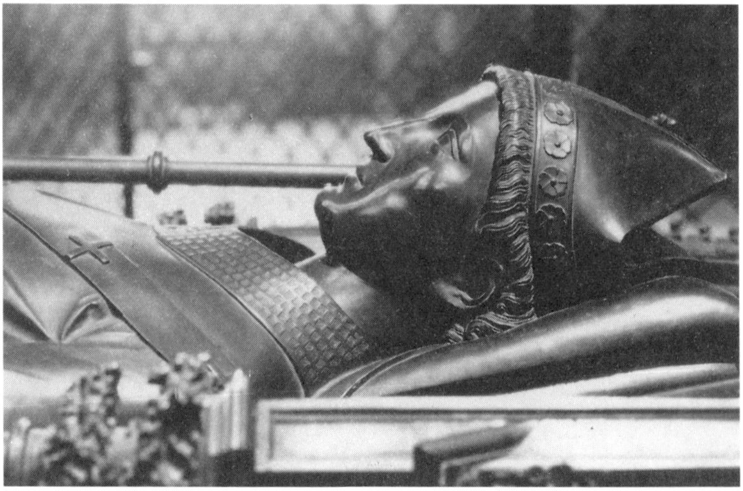

Das große Bonner Stadtsiegel, entstanden nach dem Mauerbauprivileg von 1244 und vor dem Jahre 1280, aus welchem der älteste Siegelabdruck überliefert ist. Das Siegel zeigt unter einem Baldachin den hl. Cassius in ritterlicher Rüstung, darüber das fünftürmige Münster; am unteren Bildrand ist eine niedrige, mit Zinnen gekrönte Stadtmauer angedeutet.

Der landesherrliche Befehl zur Befestigung Bonns kam den Einwohnern durchaus gelegen. Mehrfach in der Vergangenheit war die offene Siedlung, vor allem im staufisch-welfischen Thronstreit vor und nach 1200 geplündert und gebrandschatzt worden. „Glühend vor Eifer", so ein Chronist, gingen die Bonner ans Werk und brachten es schon bald zum Abschluß. Stiftsstadt und Marktsiedlung wurden von Mauern und Toren umgeben und steckten ein Stadtgebiet ab, dessen Rahmen erst im 19. Jahrhundert gesprengt werden sollte.

Die Sicherheit bietende Wehr, vor allem aber der Rechtssatz „Stadtluft macht frei" zog viele Neubürger an, denen der Erzbischof in seinem Privileg von 1244 die gleichen Rechte zubilligte wie den „Alteingesessenen". Die Regelung lautete, daß nach einem Aufenthalt in der Stadt von „einem Jahr und Tag" die Abhängigkeit eines Unfreien von seinem Herrn endete. Auch religiöse Gemeinschaften zog es in die Stadt. Den Anfang machten 1274 die Minoriten. Bereits im darauffolgenden Jahr begannen die Ordensleute in der nach ihnen benannten Brüdergasse mit dem Bau einer Klosterkirche, die als Pfarrkirche St. Remigius noch heute das Stadtbild ziert. Im 14. Jahrhundert kamen mit den Zisterzienerinnen, Augustinerinnen und Beginen weitere geistlichen Konvente hinzu.

Gewerbe aller Art blühten auf und ein reger Handel, vor allem der Umschlag von Wein, setzte ein. Bonn wurde zweifellos zu einem zentralen Ort im kurkölnischen Oberstift, dem südlichen Teil des weltlichen Territoriums der Kölner Erzbischöfe. Um eine Stadt im vollen Rechtssinn zu werden, fehlte Bonn nur noch ein Element: die Selbstverwaltung.

Bonner Schöffenurkunde aus dem Jahre 1345. Urkunden sind für das Mittelalter die häufigste und wichtigste Quelle. Der ehedem gewiß reiche Bonner Urkundenbestand wurde bei der Zerstörung der Stadt im Jahre 1689 mit dem 1311 erstmals erwähnten Archiv nahezu vollständig vernichtet.

Als Erzbischof Siegfried von Westerburg (1275–1297) am 28. März 1286 eine Urkunde ausfertigen ließ, mit der er unter anderem die Wahl eines bürgerlichen Rates für die Stadt Bonn genehmigte, war die Stadtwerdung Bonns endgültig vollendet. Neben das vom Erzbischof ernannte zwölfköpfige Schöffenkollegium, das bisher lediglich Verwaltungsfunktionen wahrgenommen hatte und nunmehr vorrangig auf die Rechtspflege beschränkt wurde, trat ein ebenso großes, von den Bürgern gewähltes Gremium, das als Stadtrat die Fragen des zivilen Miteinander zu entscheiden hatte. Die Selbstverwaltung war damit erreicht, von kommunaler Selbständigkeit konnte allerdings auch dann nicht die Rede sein, als die Stadt, wohl ab 1331, einen Bürgermeister an ihrer Spitze besaß. Der Erzbischof als Landesherr blieb Stadtherr von Bonn und verhielt sich auch als solcher.

Die Ratsverfassung war übrigens gewährt worden vor dem Hintergrund eines Steuerstreites zwischen den Schöffen und der Bürgerschaft. Weit nachhaltiger wirkten die häufigen Auseinandersetzungen zwischen den Bürgern und dem Stift, dessen auch rechtlich herausgehobene Stellung fast zwangsläufig zu Kollisionen mit der städtischen Politik führen mußte. Wie schon 1286, entschied auch hier der Erzbischof meist zugunsten der Bürger.

ZWEIMAL IM VERLAUF DES 14. JAHRHUNDERTS war das Bonner Münster, die Kirche des Cassiusstiftes, Schauplatz einer Königskrönung – ein erstaunlicher Vorgang, da seit dem 10. Jahrhundert traditionell die freie Reichsstadt Aachen die Stätte deutscher Königskrönungen war. Im Herbst 1314, ein Jahr nach dem überraschenden Tod Kaiser Heinrichs VII., war es zu einer Doppelwahl gekommen. Das Kollegium der sieben Kurfürsten hatte sich nicht einigen können, und auch außerhalb des Wahlgremiums gingen die Meinungen auseinander. So weigerte sich Aachen, den Kölner Erzbischof, also den rechtmäßigen Koronator, und den von ihm gewählten Friedrich den Schönen aus dem Hause Habsburg in die Stadt zu lassen. In Aachen wurde am 24. November 1314 der Favorit der Gegenseite, Ludwig der Bayer, vom Mainzer Erzbischof gekrönt. Heinrich von Virneburg, der Kölner Oberhirte, mußte sich notgedrungen mit seinen Anhängern einen anderen Krönungsort suchen und fand ihn in seiner Stadt Bonn. Am gleichen Tag wie Ludwig erhielt auch Friedrich die Krone, doch konnte dieser seinen Herrschaftsanspruch nie wirklich durchsetzen.

Großes Gedränge und Volksfeststimmung werden wohl auch am 26. November 1346 in Bonn geherrscht haben, als Erzbischof Walram von Jülich den Luxemburger Karl IV. zum König salbte und krönte. Karl war wenige Wochen zuvor in Reims zum Gegenkönig des mit dem Papst zerstrittenen Ludwig des Bayern gewählt worden. Wieder hatte Aachen seine Tore geschlossen und wieder wich man nach Bonn aus.

Wenngleich die erste Krönung nicht die erstrebte Macht brachte und die zweite später in Aachen wiederholt wurde, zeigen die Ereignisse, daß Bonn zur wichtigsten Stadt im Erzstift Köln aufgestiegen war; die beiden glanzvollen Staatsakte waren gleichsam Vorboten einer zukünftigen, noch glänzenderen höfischen Epoche.

Friedrich der Schöne (1289–1330), deutscher Gegenkönig, Herzog von Österreich, nach einem späteren Stich.

Karl IV. (1316–1378), deutscher Kaiser, nach einem Votivbild des Theoderich von Prag; Mitte des 14. Jahrhunderts.

Die Godesburg. Der Stich von Matthias Merian, um 1646, rekonstruiert den baulichen Zustand vor der Zerstörung von 1583.

SEIT DEM JAHR 1210 ÜBERRAGT DIE GODESBURG 7 DÖRFER, die am Ende des 19. und in der ersten Hälfte des 20. Jahrhunderts zur Stadt Bad Godesberg zusammenwuchsen. Auf einem strategisch günstigen Bergkegel nahe der Südgrenze seines Territoriums legte Erzbischof Dietrich von Hengebach (1208–1215) den noch heute im Rheinischen Landesmuseum erhaltenen Grundstein zum Bau einer mächtigen Burg. Unter Erzbischof Konrad von Hochstaden (1238–1261), der ja auch die Stadt Bonn befestigte, wurde die Anlage Mitte des 13. Jahrhunderts vollendet. Bis zu ihrer Zerstörung 1583 im Truchsessischen Krieg war die Godesburg mit ihrer imposanten Lage einer der häufigsten Aufenthaltsorte der Kölner Erzbischöfe und zudem Mittelpunkt eines Verwaltungsbezirks. Dieses „Amt Godesberg" umfaßte in der frühen Neuzeit mit Ausnahme von Friesdorf das gesamte Gebiet der späteren gleichnamigen Stadt sowie das „Gericht Witterschlick".

Auch als Ruine seit nunmehr 4 Jahrhunderten beherrscht die Godesburg die umgebende alte Kulturlandschaft, in der Siedlungsspuren aus vorgeschichtlicher Zeit, wie der bedeutende Ringwall Venne im Kottenforst, ebenso wie Spuren aus römischer und fränkischer Zeit erhalten sind.

Unsere Kenntnisse über die Dörfer und Weiler am Fuß des Burgberges in mittelalterlicher Zeit sind begrenzt. Klöster und Stifte aus der näheren und weiteren Umgebung waren hier begütert. Die Abteien Siegburg und Heisterbach zählten zu den bedeutendsten Grundherren, wobei auch im Godesberger Raum der Weinbau die größte Rolle spielte. Pfarrorte waren bereits im Mittelalter die Dörfer Friesdorf, Rüngsdorf, Muffendorf und Mehlem.

In Mehlem, wo eine wichtige, aus der Eifel kommende Handelsstraße endete, ist eine Kirche bereits für das 9. Jahrhundert überliefert. Auch Lannesdorf wurde von dort aus seelsorglich betreut.

Älter noch, wohl aus fränkischer Zeit, ist das Martins-Patrozinium in Muffendorf, das mit seinem malerischen Ortskern und der über 700 Jahre alten Kirche viel von seinem früheren Charakter bewahrt hat.

In Rüngsdorf, das in kirchlicher Hinsicht bis ins 19. Jahrhundert auch für Alt-Godesberg und Plittersdorf zuständig war, haben sich immerhin noch Turm und Apsis der zu Beginn des 13. Jahrhunderts erbauten Pfarrkirche erhalten.

In Friesdorf, das seit dem 12. Jahrhundert über Pfarrechte verfügt und das als einziger der Godesberger Ortsteile zum Dingstuhl Dottendorf und damit zum kurkölnischen Amt Bonn gehörte, besteht das mittelalterliche Gotteshaus nicht mehr. Mit dem romanischen „Turmhaus", einem der ältesten befestigten Wohntürme im Rheinland, hat jedoch ein bedeutendes Zeugnis des Mittelalters die Jahrhunderte überdauert.

Zur Gemarkung Friesdorf gehört auch das *Hochkreuz*, um das sich eine Reihe von Sagen rankt und dessen Entstehungsgeschichte im dunkeln liegt. Es handelt sich um ein Werk aus der Mitte des 14. Jahrhunderts, das jetzt aus konservatorischen Gründen im Rheinischen Landesmuseum aufgestellt ist. Am ursprünglichen Standort befindet sich heute lediglich eine Kopie des gotischen Originals.

Neben dem Frauenkloster Marienforst, im Tal des Godesberger Baches am Rande des Kottenforstes gelegen, bestand mit der Deutschordenskommende Muffendorf ein zweites geistliches Institut in unmittelbarer Nachbarschaft der Godesburg. Der während der Kreuzzüge im Heiligen Land gegründete Ritterorden erwarb Mitte des 13. Jahrhunderts Besitz in Muffendorf, den er in der Folgezeit beträchtlich ausdehnen konnte. Vom Wohlstand dieser geistlichen Herren zeugen noch heute die im 18. Jahrhundert neu errichteten schloßähnlichen Gebäude der Muffendorfer Kommende, die seit 1952 dem belgischen Botschafter als Residenz dienen.

Das im 14. Jahrhundert zwischen Bonn und Godesberg errichtete Hochkreuz.

Lithographie des 19. Jahrhunderts von P. Schieffer.

KIRCHEN BEHERRSCHTEN IM MITTELALTER nicht nur das Bild der Stadt Bonn, sondern auch das der umliegenden Dörfer. Wie in einem Halbkreis umgaben die benachbarten Kirchspiele die befestigte Stadt.
Im Norden war Graurheindorf spätestens zu Beginn des 13. Jahrhunderts aus dem Verband der Dietkirchen-Gemeinde ausgeschert und zur selbständigen Pfarrei erhoben worden. Wohl gleichzeitig wurde bei der St. Margaretha-Pfarrkirche ein Zisterzienserinnenkonvent eingerichtet.
Endenich, dessen Name auf römische Anfänge schließen läßt, besaß schon im 8., spätestens im 9. Jahrhundert ein Gotteshaus. Ursprünglich dem heiligen Lambert geweiht, erhielt die Pfarrkirche im 14. Jahrhundert das noch heute gültige Maria-Magdalena-Patrozinium.
Lessenich mit seiner im Kern aus dem 11. Jahrhundert stammenden Laurentius-Kirche gehört zu den ganz alten kirchlichen Zentren im Bonner Raum; denkbar wäre gar eine fränkische, im 6. oder 7. Jahrhundert entstandene Feldkirche als geistlicher Mittelpunkt für die weitere ländliche Umgebung.
Südlich der Stadt bestand seit dem 12. Jahrhundert die Pfarrei Dottendorf, die den römischen Märtyrer Quirinus als Schutzheiligen verehrt. Mittelalterliche Gotteshäuser befinden sich außerdem in Kessenich und Lengsdorf, die jedoch zunächst Filialen der Pfarren St. Martin in Bonn bzw. St. Maria Magdalena in Endenich waren und erst im beginnenden 19. bzw. schon im 17. Jahrhundert Pfarrechte erhielten.
Alle diese Kirchspiele und die dazugehörigen Weiler bildeten bis zum Ende des Alten Reiches den wesentlichen Teil des kurkölnischen Verwaltungsamtes Bonn.

Die 1895 niedergelegte mittelalterliche Pfarrkirche in Dottendorf.
Aquarell von A. R. Groß, 1831.

Pfarrkirche Lengsdorf.
Aquarellierte Zeichnung von Graf Moerner, 1868.

Kommende Ramersdorf nach einer Radierung von Romeijn de Hoghe. Die leicht idealisierende Darstellung gibt den Zustand gegen Ende des 17. Jahrhunderts wieder, als die Kommende bereits an Bedeutung verloren hatte.

WEIT KOMPLIZIERTER GESTALTETE SICH DIE LANDKARTE im heutigen rechtsrheinischen Bonn. Im Nordteil des Stadtbezirks Beuel bestanden die zum Territorium der Kölner Erzbischöfe gehörenden „Herrlichkeiten" Schwarzrheindorf und Vilich mit ihren bedeutenden Damenstiften als Zentren. Sie waren umgeben von einem Gebiet, in dem seit dem späten Mittelalter die Herzöge von Berg die Herrschaft ausübten. Dazu gehörten auch Küdinghoven und Oberkassel, die sich wohl schon im 13. Jahrhundert von der Mutterpfarre Vilich lösten und in den Rang eigenständiger Kirchengemeinden aufstiegen.

Zwischen den beiden Kirchspielen errichtete Heinrich von Sayn nach seiner Rückkehr vom 4. Kreuzzug um 1220 eine Niederlassung des Deutschritterordens. Es entstand die Kommende Ramersdorf mit ihren teilweise ausgedehnten Besitzungen. Wenig ist bislang über die innere Struktur der Kommende bekannt geworden, nur die Namen einzelner dort lebender Ritter sind uns überliefert. Wohl aus der Gründungsphase stammt die ursprünglich dem hl. Georg geweihte Kapelle, die, in letzter Minute vor dem Abriß bewahrt, 1846/47 Stein für Stein abgetragen und auf dem Alten Friedhof in Bonn wiederaufgebaut wurde. Mit dem Niedergang des Deutschen Ordens im Spätmittelalter verlor auch die Kommende Ramersdorf an Bedeutung. Im 18. Jahrhundert wird der „miserable und bedauerungswürdige Stand" des Hauses beklagt. Nach der Säkularisation wurden die Gebäude dann von den häufig wechselnden privaten Eigentümern mehrfach grundlegend umgestaltet.

Die seinerzeit auf den Alten Friedhof übertragene Kapelle gilt als das bedeutendste Zeugnis rheinischer Deutschordens-Architektur im Mittelalter.

Die Wasserburg Poppelsdorf wurde 1341 von den Kölner Erzbischöfen käuflich erworben und von Erzbischof Salentin von Isenburg (1577–1583) ausgebaut. Poppelsdorf war bald neben Bonn, Brühl, Lessenich und der Godesburg der beliebteste Wohnsitz der Landesherren.

Stich nach Meisners ›Politisches Schatzkästlein‹ von 1627. Er gehört zum Genre der sogenannten Stammbücher, die historische Ansichten und belehrende Sinnsprüche kombinierten. Die Gans steht hier als Symbol für die Tugend der Wachsamkeit.

IMMER HÄUFIGER HIELTEN SICH DIE KÖLNER ERZBISCHÖFE IN DER STADT BONN AUF, nachdem Köln 1288 in der Schlacht von Worringen, der eigentlichen Entscheidungsschlacht um die politische Vormacht am Niederrhein, eine freie Reichsstadt geworden war. Bereits Engelbert von Falkenburg (1261–1274) hatte das erzbischöfliche Haus in Bonn erweitert und es mit einem Saal und einer Kapelle ausgestattet. Die Stadt wurde wieder Münzstätte, und die Zahl der seit dem Ende des 13. Jahrhunderts in Bonn ausgestellten erzbischöflichen Urkunden zeigt, daß die Stadt eine immer größere Rolle als Wohn- und Verwaltungssitz der Landesherren spielte. Vier von ihnen, Engelbert von Falkenburg, Siegfried von Westerburg (1275–1297), Heinrich von Virneburg (1304–1333) und Ruprecht von der Pfalz (1463–1480) ließen sich im Bonner Münster beisetzen. Als die Kölner Erzbischöfe endgültig in der Goldenen Bulle von 1356 als Mitglieder des siebenköpfigen Königswahlgremiums bestätigt wurden und offiziell den Titel eines Kurfürsten annehmen konnten, bedeutete dies auch eine Aufwertung des kölnischen Territoriums zum

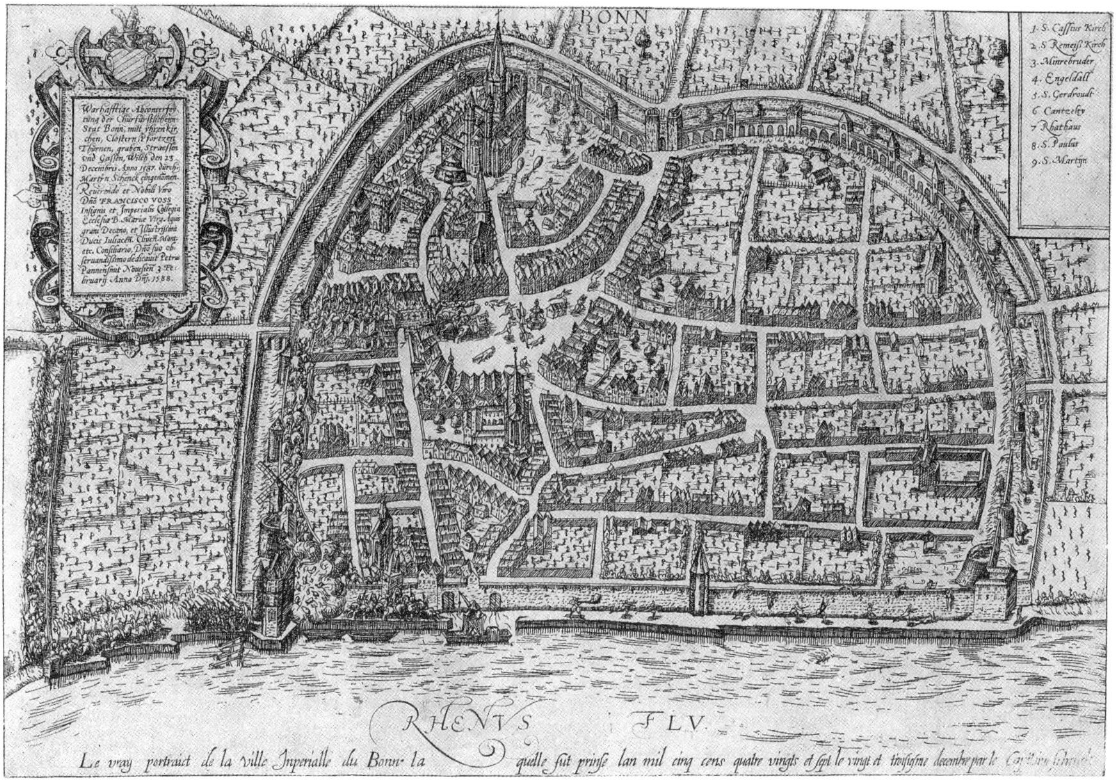

Der Stich von Peter Pannensmit von 1588 zeigt die Stadt Bonn bei der Einnahme durch den Söldnerführer Martin Schenck von Nideggen am 23. Dezember 1587. In der detaillierten Darstellung wurde allerdings die Pfarrkirche St. Gangolf oberhalb des Cassiusstiftes vergessen. Interessant ist, daß der Stecher fast alle Freiflächen und Innenhöfe des Stadtgebietes mit Rebstöcken gefüllt hat.

Kurstaat, als dessen bedeutendste Stadt sich Bonn nach dem Ausfall Kölns zu etablieren vermochte. Die Stadt mit ihren 3000 bis 4000 Einwohnern galt als wohlhabend mit einem recht differenzierten Gewerbe und einem gutsituierten Kaufmannsstand. Wenn auch wie alle übrigen Orte im Schatten der übermächtigen Wirtschaftsmacht Köln stehend, so war Bonn doch der zentrale Markt für das agrarische Umland. Die Stadt besaß eine Rheinfähre und unterhielt bescheidene Fernhandelsbeziehungen, vor allem nach Flandern.

Bereits 1525 wurde die *Kanzley*, das Herz der kurkölnischen Verwaltung, von Brühl nach Bonn verlegt. Unter Erzbischof Salentin von Isenburg (1577–1583) wurde der Verwaltungssitz auch baulich aufgewertet. Bonn befand sich auf dem Weg, Haupt- und Residenzstadt Kurkölns zu werden. Jedoch erst mit der 1597 erlassenen *Rat- und Kanzley-Ordnung* wurde ihr diese Funktion endgültig übertragen.

Im Zuge der
Rekatholisierung Bonns
ab 1584 wurden
die geständigen Protestanten
auf dem Marktplatz hingerichtet,
die übrigen gefesselt
in den Rhein geworfen.

Zeitgenössischer Stich von Franz Hogenberg.

Haupt- und Residenzstadt im Zeitalter der Konfessionswirren

Von Gottes genaden
vnser Hermans Ertzbischoffs zů
Cöln / vnnd Churfürsten ꝛc. einfaltigs bedencken / warauff ein
Christliche / in dem wort Gottes gegrünte Reformation / an Lehr /
brauch der Heyligen Sacramenten vnd Ceremonien / Seelsorge / vnd
anderem Kirchen dienst / biß vff eines freyen / Christlichen / Gemeinen /
oder Nationals Concilij / oder des Reichs Teutscher Nation
Stende / im Heyligen Geyst versamlet / verbesse-
rung / bey denen so vnserer Seelsorge be-
folhen / anzurichten seye.

Hieremi. vj.
Also sprichtder Herre / Trettet auff die weg vnd schauwet vnd fragt nach den vorigen wegen / welches der gůte wege sei / vnd wandlet drinnen / so werdet jr ruwe finden für euwere seelen.

Actorum XX
So habt nun acht auff euch selbs / vñ auff die gantze herd / vnder welche euch der Heil. Geyst gesetzt hatt zů Bischoffen / zů weyden die gemeine Gottes / welche er durch sein eygen Blůt erworben hatt.

Cum gratia & Priuilegio.

Titelblatt der wichtigsten reformatorischen Schrift, die in Bonn erschien. ›Das Einfältige Bedenken‹ wurde unter dem Namen Hermanns von Wied herausgegeben und war verfaßt von Martin Bucer und Philipp Melanchthon.

Gedruckt 1543 in Bonn von Laurentius von der Mülen, dem ersten Buchdrucker der Stadt.

DIE KONFESSIONELLEN AUSEINANDERSETZUNGEN des 16. Jahrhunderts trafen auch die Stadt Bonn. Die „Erneuerung der Kirche an Haupt und Gliedern" bewegte schon seit dem Spätmittelalter die gesamte abendländische Christenheit. Über die Modalitäten dieser Reform schieden sich jedoch die Geister, und die Kirchenspaltung war die Folge.

Erzbischof Hermann von Wied (1515–1547), der zunächst auf seiten der alten Kirche gestanden hatte, wandte sich zunehmend radikaleren Kräften zu. 1542 predigte der Reformator Martin Bucer im Bonner Münster, 1543 kam Philipp Melanchthon nach Bonn. Der Erzbischof und mit ihm der größte Teil der Stadt stand nunmehr ganz auf der Seite Luthers und Calvins. Der evangelische Ritus begann sich durchzusetzen, die konfessionelle Zukunft des gesamten Kurstaates stand auf dem Spiel. Auch Kaiser Karl V. vermochte in einem persönlichen Gespräch mit dem Erzbischof 1543 in Bonn den Schwebezustand nicht zu beenden. Erst 1547 fiel die Entscheidung zugunsten des Katholizismus, als der neue Erzbischof Adolf von Schauenburg (1547–1556) den seines Amtes enthobenen Hermann von Wied ablöste. Bereits am Tag nach seinem Einzug in Bonn ließ er im Münster die Messe lesen und die Minoritenkirche, zuvor Zentrum der Reformationsbestrebungen, neu weihen.

Südwestecke Bonns nach einer Zeichnung aus einer Akte des Reichskammergerichts um 1569. Jahrhundertelang währte der in diesem langwierigen Verfahren behandelte Grenzstreit zwischen Bonn und dem Nachbardorf Kessenich.

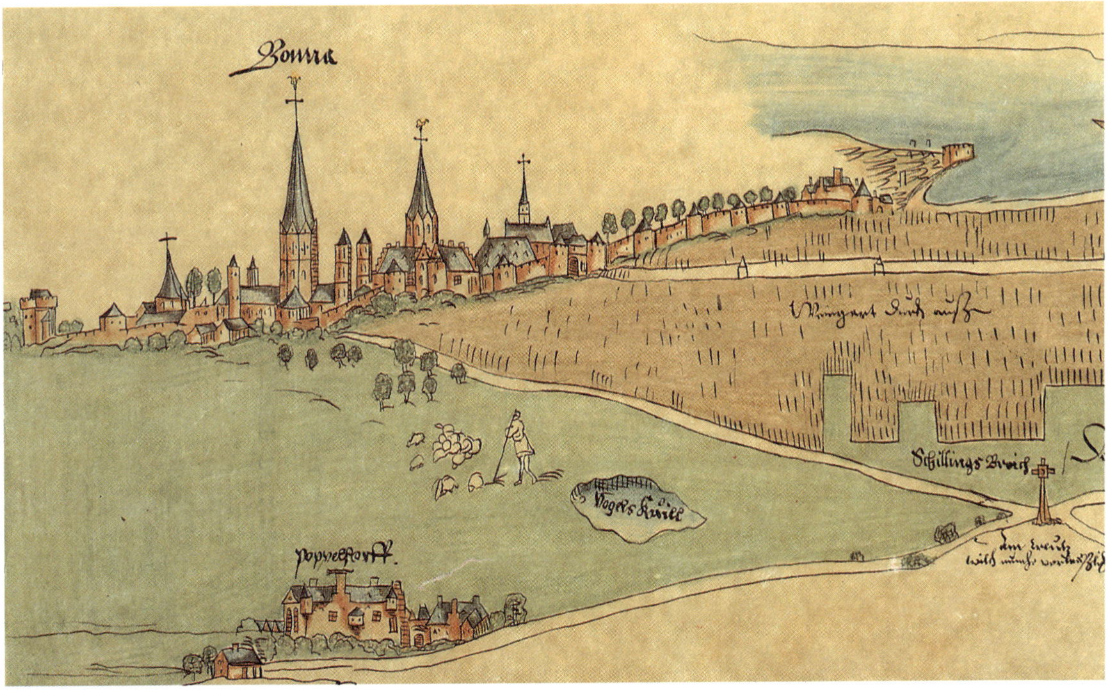

Gebhard Truchseß von Waldburg, Erzbischof und Kurfürst von Köln.
Porträt eines unbekannten Stechers.

Agnes von Mansfeld, Stiftsdame in Gerresheim, Geliebte und Ehefrau des Kölner Kurfürsten Gebhard Truchseß von Waldburg.
Porträt eines unbekannten Malers.

ERNEUT IN DEN MITTELPUNKT DER REICHSPOLITIK geriet Bonn unter der Herrschaft des Erzbischofs Gebhard Truchseß von Waldburg (1577–1583). Die Verwandten seiner Geliebten, der früheren Gerresheimer Stiftsdame Agnes von Mansfeld, nötigten dem Erzbischof ein Eheversprechen ab, dessen Einhaltung zwangsläufig Verlust von Amt und Würde nach sich gezogen hätte. Zunächst im Verborgenen plante der Waldburger, das geistliche Erzstift in ein weltliches Herzogtum umzuwandeln, wodurch ihm Macht und Einkünfte geblieben wären. An der Jahreswende 1582/83 besetzte er Bonn, sicherte sich die Godesburg und gab seine Pläne öffentlich bekannt. Damit drohten die Konfessionsverhältnisse im Kurfürstenkollegium zuungunsten der Katholiken umzuschlagen; die Geschehnisse am Rhein nahmen nationale Dimensionen an. Der Widerstand formierte sich. Mit Ernst von Bayern aus dem Hause Wittelsbach wählte das Kölner Domkapitel 1583 einen neuen Kurfürsten, dessen Truppen noch im gleichen Jahr die Godesburg stürmten, sie als Ruine zurückließen und im folgenden Jahr Bonn eroberten. Gebhard hatte die Stadt schon 1583 wegen der drohenden Gefahr verlassen, nicht ohne sein Eheversprechen vorher einzulösen. Nicht eingelöst ist dagegen bis heute die Restschuld für das in aller Hast unmittelbar vor der Abreise eingenommene Hochzeitsmahl.
Jahrelang tobte der Kölnische oder Truchsessische Krieg, der weite Teile des Erzstiftes heimsuchte. Bonn wurde 1587/88 ein weiteres Mal Schauplatz kriegerischer Ereignisse, als die Stadt für einige Monate von truchsessischen Söldnern besetzt wurde. Schließlich siegte jedoch die Sache der Wittelsbacher, die dann für die Dauer von zwei Jahrhunderten den Kölner Erzstuhl besetzten.

Sprengung und Erstürmung der Godesburg durch Truppen des neuen Kurfürsten Ernst von Bayern.

Übergabe der Stadt Bonn an die Truppen des Kurfürsten Ernst von Bayern im Januar 1584.

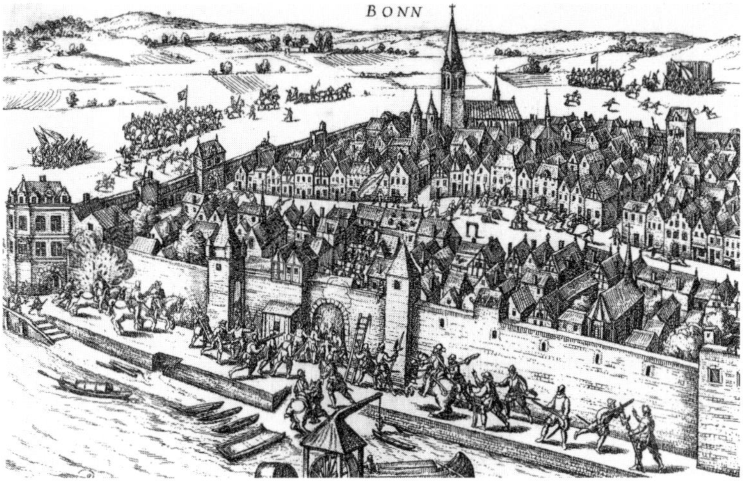

Überfall und Einnahme der Stadt Bonn durch den Söldnerführer Martin Schenck von Nideggen am 23. Dezember 1587.

Stiche von Franz Hogenberg aus einer Serie von Darstellungen zum Kölnischen Krieg.

Ferdinand von Bayern (1577–1650), Erzbischof und Kurfürst von Köln.

DIE ZAHLREICHEN KLOSTERGRÜNDUNGEN NICHT NUR IN BONN waren eine der sichtbaren Antworten der Katholiken auf die Reformation. Erzbischof und Kurfürst Ferdinand (1612–1650), der seinem eher desinteressierten Onkel und Vorgänger Ernst (1583–1612) bereits 1595 als Koadjutor mit dem Recht auf Nachfolge beigegeben worden war, wurde dabei zur tragenden Figur der gegenreformatorischen Bemühungen. Er förderte die Jesuiten, die 1590 von Köln aus eine Niederlassung in Bonn gegründet hatten und entscheidenden Anteil an der vollständigen Rekatholisierung der Stadt besaßen. 1673 übernahmen sie das 1639 von den Minoriten eingerichtete erste Bonner Gymnasium. Widmeten sich die Mitglieder der *Gesellschaft Jesu* primär den gehobenen Schichten, so galt das Engagement der Kapuziner, eines franziskanischen Ordenszweigs, vornehmlich den sogenannten kleinen Leuten. Wiederum von Köln kamen sie 1618 nach Bonn und bezogen acht Jahre später einen neu errichteten Klosterkomplex an der Stelle, wo heute die Brüdergasse in den Belderberg mündet. 1641 ließen sich Franziskaner-Rekollekten in Bonn nieder, wo ihnen unweit des Stockentores neu erbaute Räumlichkeiten zur Verfügung gestellt wurden. Die Jünger des heiligen Franziskus genossen die besondere Wertschätzung des Landesherrn. Ihre Kirche wurde später mittels einer kleinen Brücke mit dem Residenzschloß verbunden und nahm den Charakter einer Hofkirche an.

Auch zwei Frauenorden gründeten in Bonn Konvente: Kapuzinerinnen siedelten 1629 von Köln nach Bonn über, 1664 kamen lothringische Ordensschwestern von der *Congrégation de Notre-Dame* und nahmen sich hier der Mädchenerziehung an.

Gemeinsam mit dem Pfarrklerus und den Angehörigen der beiden Bonner Stifte prägten die Ordensleute das religiöse Leben von Stadt und Umland, ehe im Zuge der Säkularisation an der Wende vom 18. zum 19. Jahrhundert die kirchlichen Verhältnisse grundlegend neu gestaltet wurden.

Die Jesuitenkirche in der Bonngasse, erbaut zwischen 1686 und 1717. Nach der Aufhebung des Jesuitenordens 1777 erlebte das Gotteshaus ein wechselvolles Schicksal. Zuerst Gymnasialkirche, dann Pfarrkirche der altkatholischen Gemeinde, dient die Namen-Jesu-Kirche heute als Universitätskirche.

Stich von Bernhard Hundeshagen, um 1830.

Das im 14. Jahrhundert gegründete Augustinerinnenkloster Engeltal nach einer Bleistiftzeichnung von 1794.

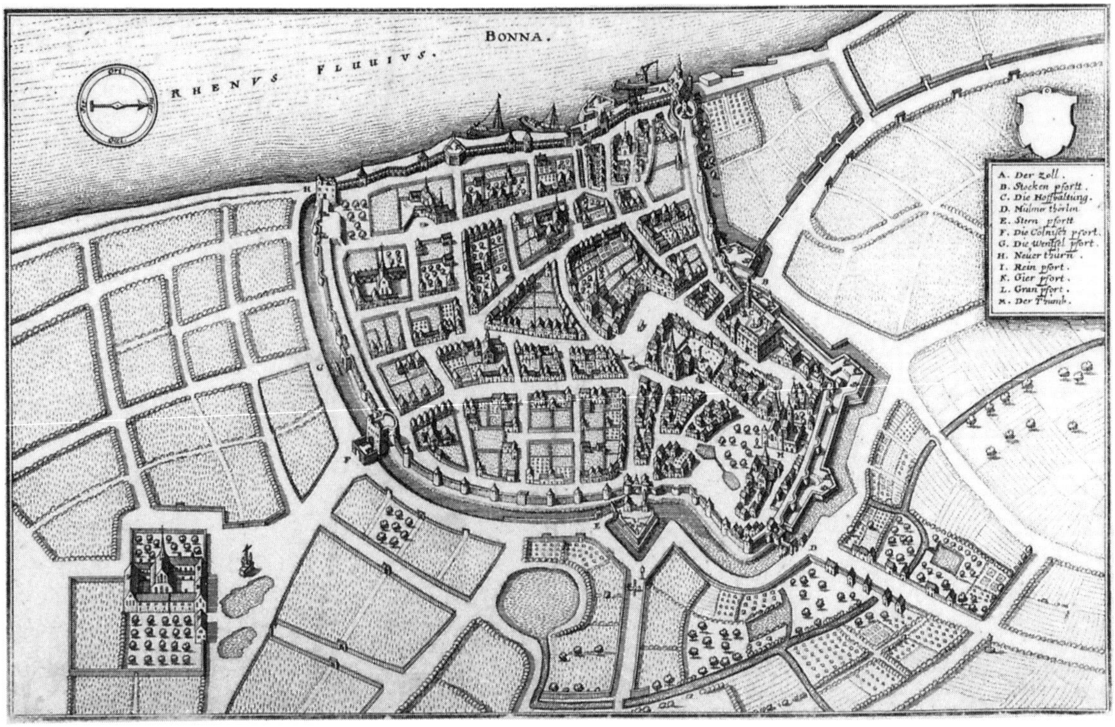

Bonn nach dem Stich von Matthias Merian von 1646.

ALS HAUPT- UND RESIDENZSTADT EINES DEUTSCHEN MITTELSTAATES zählte Bonn in der ersten Hälfte des 17. Jahrhunderts etwa 4000 Einwohner innerhalb des Mauergürtels. Eine Quelle des Jahres 1664 nennt 415 Haushalte. Die sozialen Unterschiede waren groß. Die Spitze der Erwerbstätigen stellten akademisch gebildete Beamte und einige wenige Angehörige des Lebensmittelgewerbes, die zudem allesamt außerhalb Bonns begütert waren; einer zweiten Gruppe sind andere öffentlich Bedienstete, Handwerker aller Branchen sowie die Angehörigen der sogenannten freien Berufe zuzurechnen. Dreiviertel der Bevölkerung gehörte den ärmeren Schichten an, zu denen Handwerker, Angehörige des Transportgewerbes, Tagelöhner und alleinstehende Frauen zählten.

Von größter wirtschaftlicher Bedeutung waren die Märkte; mittwochs und samstags wurde Wochenmarkt, an drei festgesetzten Tagen im Februar, August und November Jahrmarkt abgehalten. Ein Marktmeister wachte darüber, daß Anbieter und Käufer die strengen Auflagen beachteten.

An der Spitze der Stadtverwaltung standen nach der von Kurfürst Ernst 1585 erlassenen „Polizeiordnung" vier auf Lebenszeit gewählte Bürger-

Abraham Storcks Bild des Bonner Rheinufers aus dem Jahre 1674 zeigt das 1580 erweiterte Zollhaus, das den südlichen Abschluß der Stadtbefestigung bildete.

meister, von denen je zwei sich jährlich abwechselten. Es waren Bevollmächtigte des ebenfalls auf Lebenszeit bestellten Rates, der sich durch Kooptation jeweils wieder ergänzte.
Bedeutend größer als heute waren die Unterschiede zwischen Stadt und Land. Traditionelle, häufig auf mündlicher Überlieferung basierende Rechtsnormen bestimmten das gesellschaftliche Leben. Die einzige Erwerbsquelle war meistens die Landwirtschaft. Die sozialen Unterschiede waren auch auf dem Lande groß: Sie reichten vom adligen oder kirchlichen Grundherrn und wohlhabenden Bauern über den Kleinbauern bis hin zum landarmen oder gar landlosen Tagelöhner und dem völlig rechtlosen Gesinde.

Graurheindorf um 1620. Es handelt sich um einen stark vergrößerten Ausschnitt einer Darstellung der ›Pfaffenmütze‹, wie die auf dem gegenüberliegenden Rheinufer angelegte Schanze genannt wurde.

Pilgerblatt mit der hl. Adelheid vor den Wallfahrtsstätten in Pützchen und Vilich. Die zwölf umlaufenden Abbildungen zeigen Krankenheilungen aus den Jahren 1677/78.

Kölner Druck aus dem Jahre 1717.

DIE GEGENREFORMATION BEWIRKTE IN STADT UND LAND und speziell in den geistlichen Territorien eine starke Zunahme der Volksfrömmigkeit. Die Zahl der Gottesdienste und ihrer Besucher stieg; Andachten erfreuten sich größter Beliebtheit. Prozessionen und Wallfahrten erlebten eine rege Teilnahme. Auch das rechtsrheinische Pützchen, wo der Legende nach die heilige Adelheid während einer Dürreperiode auf wundersame Weise einen Quell sprudeln ließ, dem bald eine heilende Wirkung nachgesagt wurde, entwickelte sich zu einem regionalen Wallfahrtsort. 1688 wurde die Stätte dem Karmeliterorden übertragen, der zu Beginn des 18. Jahrhunderts Kloster und Klosterkirche errichtete und die Betreuung der Pilger übernahm. Im Laufe der Zeit entstand zur Hauptwallfahrtszeit im September auch ein Jahrmarkt; er ist bis heute als *Pützchens Markt* das größte Bonner Volksfest geblieben.

Bildstöcke, Wegekreuze und Kapellen waren ein weiterer Ausdruck der sogenannten Barockfrömmigkeit. Noch heute ist die große Zahl der vorwiegend von privater Seite gestifteten Andachtsstätten im Bonner Stadtbild erkennbar.

Religiöse Bruderschaften wurden neu gegründet oder wieder belebt. Die Heiligen- und Marienverehrung nahm gelegentlich die übersteigerten Formen des Aberglaubens an, und dies geschah nicht nur in den Zeiten der Not, die besonders im 17. Jahrhundert zahlreich waren. Siebenmal erreichte die Pest in diesem Zeitabschnitt den Bonner Raum; am schlimmsten wütete sie 1666, als ihr allein in Graurheindorf 132 Menschen, mehr als 30% der damaligen Bevölkerung zum Opfer fielen.

Sieben-Schmerzen-Marien-Kapelle im Mehlemer Oberdorf. Neu errichtet 1681.

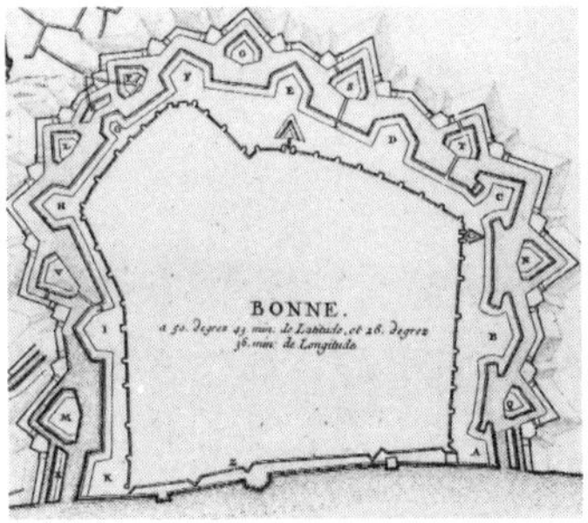

Bonner Festungswerke des 17. Jahrhunderts.
Nach einem holländischen Stich.

Belagerung und Beschießung der Stadt Bonn von der Beueler Schanze im Sommer 1689. Die in den beiden Kartuschen abgebildeten kurkölnischen Festungen Rheinberg und Kaiserswerth erlitten das gleiche Schicksal.
Zeitgenössischer Druck von Thomas von Wiering, Hamburg.

Die Bonner hatten die Wirren des Dreissigjährigen Krieges trotz vieler Entbehrungen recht glimpflich überstanden. Viel leidvoller waren die kommenden Geschehnisse, als die Stadt binnen kurzer Zeit dreimal belagert und in schwerste Mitleidenschaft gezogen wurde. Die französische Expansionspolitik und damit die Rivalitäten zwischen dem französischen König und dem habsburgischen Kaiser um die Vorherrschaft in Europa bestimmten jahrzehntelang die politische Situation auf dem alten Kontinent. Das mußte zwangsläufig zu kriegerischen Auseinandersetzungen führen. Kurköln wurde unter dem wankelmütigen Erzbischof Max Heinrich (1650–1688) von den franzosenfreundlichen Brüdern Franz Egon und Wilhelm Egon von Fürstenberg regiert. Die in mehreren Etappen zur Festung ausgebaute Stadt Bonn und das ganze kurkölnische Territorium standen den Franzosen gleichsam zur freien Verfügung. Im Herbst 1673 wurde die Stadt erstmals von kaiserlichen Truppen belagert, am 8. November begann die Beschießung, 4 Tage später kapitulierten die Franzosen.

Weit tragischer erwiesen sich die Ereignisse im Sommer 1689. Parallel zur politischen Großwetterlage war es in Köln zu einer zwiespältigen Bischofswahl gekommen. Auf seiten der Habsburger stand Josef Clemens aus dem Hause Wittelsbach, Kandidat der französischen Partei war Wilhelm Egon von Fürstenberg, in dessen Hand sich die Stadt Bonn befand. Wiederum mußte die Gewalt entscheiden, doch fiel diesmal fast die gesamte Stadt den Kriegsereignissen zum Opfer. Am 24. Juli 1689 begann nach den Worten des Guardians des Bonner Minoritenklosters eine „fürchterliche, schreckliche, todbringende, Bonns Untergang verursachende Bombardierung". Tagelang dauerte die Beschießung, kaum ein Stein blieb auf dem anderen. 12 Wochen währten Leid und Elend der Bonner Bevölkerung. Mit Ausnahme der Kirchen überdauerte kaum ein Gebäude den Kampf um Bonn, der mit dem Abzug der Franzosen am 15. Oktober 1689 endete. Josef Clemens (1688–1723) war nun der unumstrittene Landesherr Kurkölns. Sein unerwarteter Frontwechsel auf die Seite der Franzosen im Jahre 1701 führte zwei Jahre später zu einer nochmaligen Belagerung der kurkölnischen Hauptstadt. Die Bürger, die gerade mit dem Wiederaufbau ihrer zerstörten Stadt begonnen hatten, sahen erneut das gleiche Schicksal auf sich zukommen. Sie bestachen die Belagerer und verhinderten so eine erneute Beschießung ihrer Stadt. Es blieb eine holländische Besatzung in Bonn, die Kurfürst Josef Clemens erst 1715 nach seiner Rückkehr aus dem französischen Exil vertreiben konnte.

Eigentlicher Abriß der feurig-Belagerten / und im Rauch auffgeopferten Chur-Cöllnischen Residentz und Haupt-Vestung Bonn.

HJer siehestu / mitleidiger Leser / nicht ohne bedaurende Thränen / die Weyland berühmte und prächtige Stadt und Vestung Bonn / in ihrer Aschen und unter ihren eigenen Steinhauffen vergraben / welcher zu Ehren wir nachfolgende Parentation und ihre Lebens-Beschreibung anführen wollen / sintemahl die Städte auch gebohren werden / blühen / veralten / erkrancken und endlich (doch alles auff ihre weise) der Welt gar abdancken und ersterben.

Bonn / Weyland die Residentz des Hn. Churfürsten von Cölln / war eine schöne / lustige und wohl erbauete veste Stadt am lincken Ufer des Rheins 2 Meil oberhalb Cölln / darin für andern die Haupt-Kirche und das Churfürstl. Schloß wohl zu sehen war. Es hatte einē Schif-Zoll allhier / und behauptet man / daß der H. Maternus bald nach der Apostel Zeitē allhier gelehrt / und des Mercurii, (den die Ubii oder allhier wohnende Heyden angebetet) Altar und Bildnüß / wornach diese Stadt Ara Ubiorum genandt worden / umbgestossen habe. Es hat umb die Stadt einen fruchtbaren Boden von Geträyde / Garten-Früchten und Weinwachs / innassen der edle Rhein Wein allhier die Gräntze seines natürlichen Bodens findet. Daher es auch Bonn oder ein guter Sitz genennet worden. Was die Geburth der Stadt belangt / hat der Römis. Feld-Hr. Drusus zu Christi Zeiten ein Castell hier erbauet / darauß folgends eine Stadt worden / die von Käyser Juliano befestiget ist. Das grosse Rhein-Gebirge / so zu Bingen im Rheingau beginnet / und den Rhein zu beyden Seiten bekrönet / endet sich alhier in eine schöne Ebene. Der Orth ist von den Jagten auch sehr lustig und die Lufft gesundt. Die Haupt-Kirch allhier / so vor 1400 Jahren erbauet worden / hat ein Stifft und ihre Dohm-Hn. / darin vieler heiligen Märtyrer Cörper ruhen / weßwegen sie von ihrer Erbauerin der H. Helena, viele herliche Privilegia erhalten. Gleich wie aber Bonn etliche 100 Jahr her sehr geblühet / und gleichsahm zu ihrem besten Alter kommen / also ist sie fürnehmlich 3 mahl mit schweren Kranckheiten angegriffen worden / sintemahl sie unter Carolo Crasso von den barbarischen Normannen sambt Cölln und vielen umbliegenden Schlössern gewaltig angegriffen und verwüstet worden / auch hat sie König Johannes auß Böhmen einsmahls belagert: und hernach ist sie von des abgesetzten Cöllnischen Ertz-Bischoffs Gerhardi Soldaten Ao. 1584 seinem Nachfolger dem Ernesto gegen 4000 Rthl. verkaufft / aber durch List des Martin Schencken 3 Jahr hernach wieder eingenommen / auch noch im selbigen Jahr 1587 vom Hertzogen zu Parma belagert / im folgenden Jahr aber erobert / und vor besagtem Churfürsten Ernesto eingeräumbt. Einen harten Anstoß vom alltägigen oder hitzigen Fieber / hat das nunmehr alte Bonn vor andern Ao. 1674 erlitten / dann weil kurtz vorher die Frantzosen / als Freunde des Churfürsten zu Cölln / hernach aber Reichs Feinde / in der Stadt lagen / ist sie von den Reichs-Allirten am 3 Novemb. berennet / und darauff formaliter belagert worden. Graff Montecuculi hatte das Haupt-Quartier im Closter zum H. Creutz / der Printz von Oranien (jetzo König von Engelland) im Closter zum Grafen Rheindorff / und der Graf von Assentar in einem Adelichen Sitz oberhalb der Stadt. Am 5 dito wurden die Trencheen geöfnet / und den 6 ward der Orth von 4 Batterien so heftig beschosse / daß man die Schüsse nicht zehlen kunte. Die Frantzosen in 2200 Mann darin unter dem Brigadier Revillon defendirten sich sehr wohl / und waren bißhero wohl 2000 Canon-Schuß heraus aber sonder Schaden geschehen. Hierauf wurden von dem Käyser dem Churfürsten zu Cölln folgende 4 Puncten vorgestellet. 1. Solte er die Frantzösis. Parthey fahren lassen. 2. Die Käyserl. Guarnison in Bonn und Neuß einnehmen. 3. Die Fürstenberger abschaffen / und 4. Einen neuen Huldigungs-Eyd praestiren / auff welchen Fall der Käyser demselben Satisfaction und alles wieder in guten Stande zu bringen versprach; Aber der Chur-Fürst opiniatrirte sich / und gab seinen Leuthen Ordre / sich in Defension zu stellen / weßwegen den 9. und 10. das hefftige Canoniren continuiret ward. Im Außfallen waren die Frantzosen allemahl unglücklich / und da sich 100 derselben / so sich vor Lothringer außgaben / in die Stadt zu practisiren vermeinten / ward der Betrug zeitlich entdecket / und sie schlugen einen Blossen. Eine andere Parthey von 250 Mann / so durch das Spanische Quartier zu passiren vermeynten / wurden auch also bewilkommet / daß sie ihren Fürwitz bereueten. Ein Cöllnischer Bürger und Spion / ward mit verdächtigen Brieffen / die er in die Stadt bringen wolte / auffgefangen / und vor dem Thor auffgeknüpffet. Am 11 dito attaquirte des Printzen von Oranien Quartier / Nachts zwischen 10 und 11 Uhr einen halben Mond vorm Thor / den man auch behauptet und Posto darauff gefast / doch ist dabey an beyden Seithen viel Volcks geblieben. Nachdem auch die Graben eingenommen worden / hat man die Minirer angehencket / welche an der truckenen Seiten bald 2 Minen fertig hatten / und also machte man mit herbeybringung der Faschinen Anstalt zu einem General Sturm; Als aber die Belagerten solchen Ernst verspühreten / und keine Mittel mehr übrig hatten / dieser äussersten Gewalt zu wiederstehen / sandten sie alsobald herauß / und begehrten zu capituliren / und drauff ward am 12 dito mit ihnen ein honorabler Accord getroffen / also / daß die Stadt / nachdem sie 8 Tage belagert gewesen / denen Obsiegern übergeben / und zu dessen Versicherung den Käyserl. alsobald ein Thor eingeräumbt worden. In dieser Belagerung sind bey 400 Mann von den Belagerern geblieben: worunter etliche hohe Officierer / als der Hr. Graf Königsmarck / und andere.

Seither ist diese gute Stadt völlig niedergerissen / biß in diesem Jahr sie ihre Sterb-Stunde erreichet hat / womit sichs kürtzlich also verhält: Printz Wilhelm Egon von Fürstenberg kunte am Käyserl. Hoffe diejenige Promotion nicht erlangen / die sein hoher Geist suchte / derowegen gieng er zum Allerchristlichsten Könige / der ihn willig annahm / und im vorigen Kriege seines Raths nützlich gebrauchte / allermassen dieser eben dasjenige Instrument war / wodurch Chur-Cölln auff die Frantzösis. Parthey gezogen worden; Als aber nach vorbeschriebener Eroberung Bonn / eine allgemeine Zusammenkunfft der kriegenden Partheyen zu Cölln war / umb einen Frieden zu tractiren / fand sich der Printz von Fürstenberg im Nahmen seines Allerchristlichsten Principalen auch dabey / welches der Käyser nicht vor billich hielt / daß ein Reichs-Fürst sich wider seine Interesse so offenbahrlich legen solte / derowegen ward Ordre gegeben / daß man sich seiner bemächtigte / und also ward er gefangen nach Wien / und so weiter nach Neustadt in Ungarn gesandt / worüber sich die angefangene Tractaten zerschlugen. Ob nun gleich der Gefangene Printz hernach in seiner Verhafft bliebe / kam es doch zu Nimmwegen zu einem allgemeinen Friedens-Tractat, und darauff ward ersagter Printz wieder loßgegeben / der durch Beförderung seines Königs bald hernach Cardinal und Bischoff zu Straßburg worden. Es stach ihm aber die Chur-Würde zu Cölln sehr in die Augen / dahero / als selbiger Churfürst wegen hohen Alters einen Coadjutor begehrte / kartete er es also / daß er die meiste Vota der Capitularen vor seine Persohn bekam / und also war er Coadjutor des Ertz-Stiffts Cölln / aber der Römische Käyser und Pabst waren sehr darwieder / und kunte er auch von diesen weder die Approbation noch Confirmation deßfals erlangen. Solches aber achtete er nicht / sondern wie der Churfürst hernach todes verbliche / erkauffte er die mehreren Vota der Capitularen, also daß er von 24 Stimmen 13 zur Churfürstlichen Wahl hatte. Dahingegen bekam Printz Clemens von Bäyern 9 / und hatte vermög Päbstlicher Dispensation ein grösseres Recht zu dieser Wahl als der Fürstenberger. Der Pabst wolte diesen auch gar nicht confirmiren, und dahero setzte er sich mit Frantzösischer Hülffe selbst in Possession, wodurch Bonn / Neuß / Rheinberg und Käyserswerth und andere Orther des Stiffts mit lauter Frantzosen beleget wurden. Nicht lange hernach / nemlich im September des verwichenen Jahrs / kündigte Franckreich dem Römis. Reich den Krieg an / und wolte den Fürstenberger bey seiner Possession erhalten / und also geschahe aus besagten Ertz-Stifft / ins Gülichsche / ins Bergische Marckische und Clevische unsäglicher Schaden an Brand / Geld-Pressuren / Fron-Diensten und andern unerträglichen Gewalthätigkeiten / dahero die sämbtliche Allirten / nach und nach / zu Bedeckung der bedrängten Länder ihre Militz hersenden müssen / welche bey Ordingen dem Gn. Sourdis eine solche Schlappe im verwichenen Vorjahr anbrachten / daß er derselben so bald nicht vergessen wird. Als endlich Se. Churfl. Durchl. zu Brandenburg / welche als Haupt dero eigene und die Holländische sambt den Münsterischen Trouppen zu commandiren ernennet worden / die Huldigung in dero Landen guten Theils eingenommen / erhuben sie sich im Majo nach dem Rein / da sich inzwischen Rheinberg schon ergeben hatte. Die Armee gieng vor Käyserswerth / und als man die Canonen und Feuer-Mörsel davor begunte zu brauchen / ergab sich auch diese Vestung per Accord. Hernach rückte die Macht vor Bonn / und obgleich die aus der Bonner Schantze disseits Rheins / der Münsterischen und Brandenb. Cavallerie unvermuthlich einfiel / und ziemlichen Schaden verursachte / ward solches doch nicht sonders geachtet / sondern nachdem man die beste Mannschafft an der Bonner-Seithen stehen lassen / gieng der Gen. Lieut. Barfuß vor die Schantze am Rhein / bemächtigte sich des daselbst gelegenen Italiäners Hauß / und eroberte so fort die Schantze durch Sturm. Hierauff belegte man das gantze Rhein-Ufer an dieser offnen Seithen der Vestung mit Batterien und Kesseln / worauff über 100 Canonen und 80 Mörser gepflantzet wurden. Der Münsterische Gn. Lieut. Schwartz forderte zwar die Stadt (aus welcher der Fürstenberger schon vor etlichen Wochen nach Franckreich entwichen war) auff / aber der darin commadirende Genr. d'Asfeld, ließ ihm bedeuten: Er verstünde noch nicht / wie man eine solchergestalt besetzte Vestung attaquiren müsse / er solle nur kommen / und sich ein wenig davor exerciren lassen.

Weil man gnugsahm benachrichtiget / daß dieser Commendant mit einer Besatzung von mehr als 6000 resolvirter Mannschaft / auch allem demjenigen / was zur Defension einer Haupt-Vestung erfordert wird / überflüssig versehen / hat man das Volck zu ersparen / Anfangs nur die Canonen und Mörser spielen lassen / welche am 14 July Abends umb 8 Uhr zugleich anfiengen von ihren Batterien und Kesseln zu donnern / daß der Erdboden davon erzitterte / das war es nun: Bonn hatte nochmahl mit Frantzösischen Tractamenten den Magen verdorben / oder vielmehr überladen / welche durch starcke Feuer-Pillen wieder außgetrieben werden musten / worüber aber die gute Stadt das Leben einbüssete / und ihren Geist in der Flammen auffgab / dann die Welt beruffener Feuer-Künstler / Hr. Obrist Weyler unter Chur-Brandenb. und Obr. Corsey unter den Münsteris. donnerten / hagelten / feuerten und blitzeten dermassen auff Bonn / daß in der ersten halben Stunde die Stadt an 4 Ohrten im Brand stund / weil auch mit dem Feuer schiessen und Canoniren etliche Tage angehalten worden / so ist dadurch die Churfürstl. Residentz / sambt den meisten Kirchen und andern Gebäuen gäntzlich drauff gangen / also daß nur dato noch etwa 30 Häuser und die Münster Kirche / welcher man umb ihres 1400 jährigen Alters willen schonet / auffgericht stehen. Unter dem Bombardiren und Canoniren haben die Frantzosen gleichsam geschlaffen / und sich in die Aussenwercke retiriret, worin sie auch dato, noch liegen / und weit gnug außstreiffen / wie sie dann am 21 dito da seine Churfürstl. Durchl. die Vestung in Begleitung 1200 zu Pferde / in hoher Persohn recognosciret, von 3000 in den Garten und Gepüschen daherumb versteckten Frantzosen / so Wind davon bekommen / dermassen attaquiret worden / daß sie in grosser Gefahr gestanden. Es sind viel Menschen und Vieh in dem Feuer umbkommen / und hat man den Einwohnern nach dem Brandt verstattet / auß der Stadt zu gehen / aber nichts von dem Ihrigen mitzunehmen. Nunmehro lässet man das Lager näher heran rücken / und die Belagerten / die sich mit Pfeiffen und Trummeln lustig hören lassen / auch starck herauß Canoniren / enger einzusperren / also daß die Belagerten in Kellern und Zelten schlaffen müssen / nun erst durch eine formale Belagerung sollen erzwungen werden.

Anweisung und Erklärung des Kupffers.

a. Die Vestung Bonn.
b. Das Churfl. Schloß.
c. Würckung der Bomben.
d. Die neue Schantze an den andern Rhein-Ufer.
e. Die ruinirte Brücke.
f. Das Italiänische Hauß / welches bestürmet wird.
g. Bestürmung der Schantze.
h. Trouppen unter dem Gn. Lieut. Barfuß.
i. Se. Churfl. Durchl. zu Brandenb.
k. Gn. Lieut. Schöning.
l. Gn. Lieut. Schwartz.
m. Der Münsteris. Artollerie Obr. Corsey.
n. Der Brandenburgis. Artollerie-Obr. Weiler.
o. Der Rhein-Strohm.
p. Das Kloster zum Hl. Creutz.
q. Brandenburgis. und Münsteris. Batterien.
r. Das Haupt-Lager an der Bonner-Seithen.

Hamburg / zu bekommen bey Thomas von Wiering / im gülden A,B,C. bey der Börse / Ao. 1689.

Anfangszeilen einer Verordnung
des Kurfürsten Josef Clemens
›wegen des Spazierengehen‹.

Jhre Churfürstl. Durchl: unser gnädigster Herr rc. wollen und befehlen hiemit ernstlich / das wegen des Spatziergehen / und verbleiben / so wohl derer Hoff-Bedienten: als in- und außländischer Personen in ihrem Lust- und Hof-Gärten bey Dero Residenz, von jeglichem Hauptman / welcher die Wacht haltet / nachfolgende Verordnung / von stück zu stück / genauest beobachtet: und von einem dem anderen / bey Ablösung der Wacht / jedesmahl consignirt werde.

Auf dem Höhepunkt barocker Prachtentfaltung

ACHT JAHRE BLIEBEN JOSEF CLEMENS (1688–1723) nach seiner Rückkehr aus dem französischen Exil, um sein eigentliches Lebenswerk, den Ausbau Bonns zur barocken Haupt- und Residenzstadt zu verwirklichen. Im Mittelpunkt stand der Neubau des Residenzschlosses, das seinerzeit umfangreichste Bauprojekt in Deutschland. Gleich nach der 1689 erfolgten Zerstörung des im 16. Jahrhundert errichteten und später erweiterten Renaissanceschlosses begannen unter Leitung des bayerischen Hofbaumeisters Enrico Zucalli auf dem Fundament der südlichen Festungswerke die Arbeiten, die durch die Belagerung von 1703 und die langjährige Abwesenheit des Landesherrn unterbrochen und verzögert wurden. Doch auch in der Verbannung hielt Josef Clemens an seinen Vorhaben fest, sein Aufenthalt in Frankreich scheint ihn sogar weiter inspiriert zu haben. Mit dem Pariser Hofarchitekten Robert de Cotte entwarf der Kurfürst noch weitaus großzügigere und üppigere

Das Bonner Residenzschloß. Die Radierung von Jakob Rousseau nach einem Gemälde seines Vaters Franz Rousseau zeigt das nach dem Brand von 1777 nur zum Teil wiederaufgebaute Schloß. Erst in den 1920er Jahren sollte die Anlage in etwa wieder ihre ursprüngliche Gestalt erhalten.

Pläne als die dann tatsächlich realisierten Bauten. Die endgültige Fertigstellung des Schlosses, errichtet als Residenz der Kurfürsten und Sitz der landesherrlichen Verwaltung, erlebte Josef Clemens nicht mehr. Erst sein Nachfolger Clemens August (1723–1761) führte das Werk zu Ende und krönte es mit dem Bau des Michaelstores, dem heutigen Koblenzer Tor.

Fortwährend war der Kurfürst in finanzieller Not, zumal er in Poppelsdorf anstelle der zerstörten Wasserburg mit dem Bau eines Lustschlosses, ebenfalls nach den Entwürfen de Cottes, begann. Beide Anlagen sollten ganz im Stil der Zeit durch einen Wasserkanal miteinander verbunden werden. Das geschlossene mittelalterliche Stadtbild wurde endgültig aufgebrochen. Bauten und Gärten öffneten die Stadt und verbanden sie mit der Landschaft.

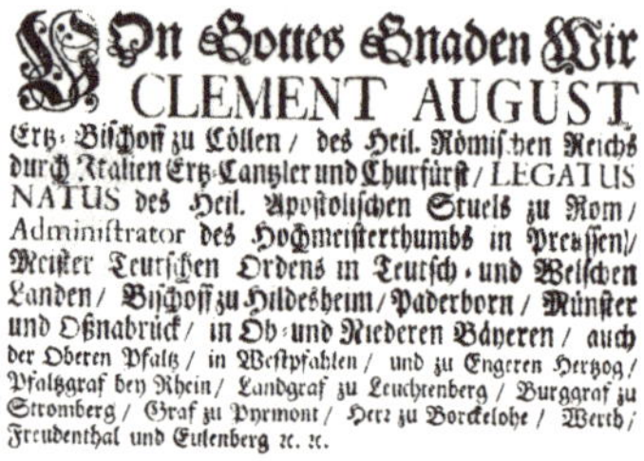

Von Gottes Gnaden Wir
CLEMENT AUGUST
Ertz-Bischoff zu Cöllen / des Heil. Römischen Reichs durch Italien Ertz-Cantzler und Churfürst / LEGATUS NATUS des Heil. Apostolischen Stuels zu Rom / Administrator des Hochmeisterthumbs in Preussen / Meister Teutschen Ordens in Teutsch- und Welschen Landen / Bischoff zu Hildesheim / Paderborn / Münster und Oßnabrück / in Ob- und Niederen Bäyeren / auch der Oberen Pfaltz / in Westpfahlen / und zu Engeren Hertzog / Pfaltzgraf bey Rhein / Landgraf zu Leuchtenberg / Burggraf zu Stromberg / Graf zu Pyrmont / Herr zu Borckelohe / Werth / Freudenthal und Eulenberg ꝛc. ꝛc.

›Intitulatio‹ eines kurfürstlichen Edikts von 1727.

Kurfürst und Erzbischof Clemens August mit Teetasse in Schloß Falkenlust, Lackkabinett.

Gemälde von Joseph Vivien, um 1725.

NATÜRLICH HAT KURFÜRST CLEMENS AUGUST (1723–1761) nicht nur gebaut. Zu seinen Leidenschaften gehörten auch die Frauen, die Jagd – der *Churcölnische Hof-Calender* zählt allein 122 Jagdbedienstete auf –, die Musik und das Theater und alle anderen Amüsements des hö-

Das sogenannte Bönnische Ballstück zeigt einen Maskenball im Residenzschloß. Fast täglich fanden unter Kurfürst Clemens August derart aufwendige Vergnügungen statt.

Ölgemälde von Franz Rousseau um 1755.

fischen Lebens. In seinem Auftreten, dem aufwendigen Hofzeremoniell und der verschwenderischen Hofhaltung war er die vielleicht vollendetste Nachahmung des Sonnenkönigs Ludwigs XIV. auf deutschem Boden. Unter den Kölner Kurfürsten war er mit Sicherheit die schillerndste Figur; über keinen seiner Vorgänger und Nachfolger ist so viel und so kontrovers geschrieben worden. Er wurde charakterisiert als fromm und freigebig auch den Armen gegenüber, jedoch als leicht beeinflußbar und schwankend in seinen Entscheidungen, als launisch und eitel und von einem grenzenlosen Hang zur Selbstdarstellung.

Sein kostspieliger Lebenswandel und sein Mäzenatentum waren nur finanzierbar, weil Clemens August, nach zwei Jahrhunderten Wittelsbachscher Herrschaft am Rhein, der Letzte seines Hauses auf dem Kölner Erzstuhl, auch noch die Bistümer Paderborn, Münster, Hildesheim und Osnabrück sein eigen nannte. Die in dieser Form nicht erlaubte Ämterkumulation wurde noch vervollständigt durch die Würde eines Hochmeisters des Deutschen Ordens, die ihm 1732 zuteil wurde.

WÄRE CLEMENS AUGUST NICHT ALS BAUHERR UND MÄZEN in so einzigartiger Weise hervorgetreten, seine Gestalt hätte sicherlich weitaus weniger Beachtung gefunden. Als Kirchenmann und Politiker waren seine Leistungen gering; nachhaltigen Einfluß auf die Regierungsgeschäfte vermochte er bei seinem unsteten Charakter und seiner Interessenlosigkeit nicht auszuüben. Es war jedoch eine ruhige, friedvolle, eine gute Zeit unter seiner Herrschaft, jedenfalls für den größten Teil der Bevölkerung. „Unter Clemens August trug man blau und weiß, da lebte man wie im Paradeis", hieß es nach seinem Tod im Volksmund unter Anspielung auf seine bayerische Herkunft. Merkwürdig ist, daß Clemens August trotz oder vielleicht wegen seiner Prunk- und Verschwendungssucht bei seinen Untertanen überaus beliebt war.

Seine Bauten begründeten seinen Ruhm: Residenz und Poppelsdorfer Schloß wurden unter seiner Herrschaft vollendet und mit einer großartigen Allee verbunden. Am Rand des Kottenforstes, seinem bevorzugten Jagdrevier, ließ er „Herzogsfreude" errichten.

Der riesige, 1753 begonnene Bau blieb unvollendet und wurde schon 1810 wieder abgetragen. Der Kirche der von Kurfürst Ferdinand 1627/28 nach Bonn geholten Serviten auf dem Kreuzberg ließ Clemens August durch keinen Geringeren als Balthasar Neumann eine heilige Stiege, eine Nachbildung der *scala sancta* in Rom anfügen. Noch heute offenbart sich dem Betrachter die absolutistische Herrscherarchitektur, wenn sein Blick vom Westflügel der Residenz die Allee entlang zum Schloß Clemensruh in Poppelsdorf den Kreuzberg hinauf bis zur Klosterkirche geleitet wird.

Schloß Herzogsfreude in Röttgen, das ›Unvollendete‹. 1753 begonnen, 1810 bereits wieder niedergelegt.
Gemälde von Lorenz Janscha, 1792.

Die ›Vinea Domini‹.
Gemälde von Franz Rousseau, um 1750.

Die Kirche auf dem Kreuzberg mit der Heiligen Stiege.
Stich von Bernhard Hundeshagen, um 1830.

Das südlich der Stadt am Rheinufer nahe dem heutigen Beethoven-Gymnasium errichtete Lustschlößchen *Vinea Domini* galt lange Zeit als Werk des Kurfürsten Clemens August, doch war der Bau nachweislich schon unter seinem Vorgänger Josef Clemens fertiggestellt worden. Mehrfach umgebaut, fiel es 1944 den Bomben zum Opfer.
Eine Aufzählung der Prunkbauten des Kurfürsten im Rheinland wäre unvollständig ohne die Nennung von Schloß Augustusburg mit dem benachbarten Jagdschlößchen Falkenlust in Brühl.

Das (seitenverkehrte) Guckkastenbild, ein Stich von Balthasar Friedrich Leizel, zeigt den Blick über das Poppelsdorfer Schloß hinauf zum südwestlich gelegenen Kreuzberg. Rechts davon die sogenannte Mordkapelle, die an das Martyrium der Heiligen Cassius und Florentius erinnern sollte.

Bonn

Wir Geschworne Vor und Andere Meister des Ehrsamen Handwercks der Zunfft in der Churfürstliche Residentz Stadt Bonn, bekennen hiermit das gegenwärtiger Gesell Nahmens von gebürtig so 20 Jahr alt und von Statur auch von haaren ist bey uns allhier 3 Jahr Wochen in Arbeit gestanden und solche Zeit über Treü, Fleißig, Still, Fridsam und Ehrlich wie einem jeglichen handwercks gesellen gebühret verhalten hat, welches wir also Attestiren und deßhalben unsere sämbtliche Mit Meister diesen Gesellen nach Handwercks Gebrauch überall zu fördern geziement ersuchen wollen Bonn den Anno 1794.

Aeltester Geschworne Meister

Jüngster Geschworne Meister

Meister wo Vorige Gesell in Arbeit gestanden

Bonner ›Handwerker-Kundschaft‹ von 1794. Einem zeitgenössischen Lexikon zufolge handelt es sich dabei um ein „Attestat, so denen eine Zeitlang einer wegen in Arbeit gestandenen, nun aber fortwandernden Gesellen, ihres guten Verhaltens wegen von seinem Meister, mittels der Zunfft ertheilet wird".

Die gestochene Vorlage stammt von Karl Dupuis.

Neben dem höfischen gab es natürlich auch ein bürgerliches Leben im Bonn des 18. Jahrhunderts, das allerdings weniger aufwendig war und auch weniger bekannt und erforscht ist. Gewiß strahlte der Glanz des Hofes auch ein wenig auf die übrigen Teile der Bevölkerung. Die Stadt blieb von Seuchen und Kriegen verschont, und die Zahl ihrer Bewohner stieg von 4000 zu Beginn des 17. Jahrhunderts auf mehr als das Doppelte bis zum Jahre 1790. Trotz eines gewissen Wohlstandes, dessen sich Kaufleute und Handwerker erfreuten, herrschte doch in weiten Bevölkerungskreisen große Armut, die auch den Durchreisenden nicht verborgen blieb, wie ihren Beschreibungen von Straßen und Häusern zu entnehmen ist.

Der Hof war der wichtigste Arbeitgeber. Handwerk und Gewerbe, seit dem späten Mittelalter in Zünften organisiert, profitierten ebenfalls von den Bedürfnissen des Landesherrn und des ihn umgebenden Adels.

Der Brand des Bonner Residenzschlosses am 15. Januar 1777 kostete 13 Menschenleben. Besonders die zur Stadt hin gelegenen Flügel wurden sehr in Mitleidenschaft gezogen und nur zum Teil wieder aufgebaut.

(Seitenverkehrtes) Guckkastenbild von Jakob Rousseau und Balthasar Friedrich Leizel.

Das gediegene Äußere des 1737 begonnenen neuen Rathauses entsprach jedoch nicht den tatsächlichen Funktionen der städtischen Selbstverwaltung in jener Zeit. Sie war im Zeitalter des Absolutismus zu wenig mehr als einer lokalen Behörde verkümmert.

Wenig hatte sich in den Dörfern der Bonner Umgebung verändert. Eine Ausnahme machte Poppelsdorf, das ein Vorort Bonns geworden war und seine agrarische Vergangenheit nicht nur durch seine Porzellanmanufaktur weitgehend aufzugeben im Begriff war.

Das Bonner Rathaus mit dem 1777 errichteten Brunnenobelisken in einer Darstellung aus dem frühen 19. Jahrhundert.

Unsignierte Radierung.

Eintragung vom 17. Dezember 1770 ins Taufbuch der Pfarre St. Remigius in Bonn.

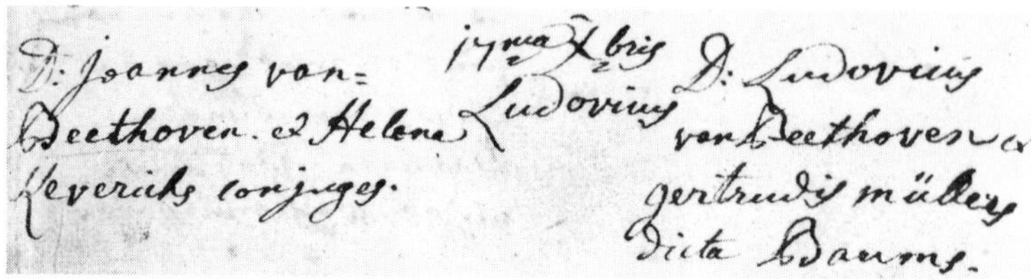
D: Joannes van Beethoven. et Helena Keverichs conjuges. 17ma Xbris Ludovicus D: Ludovicus van Beethoven et Gertrudis müllers Dicta Baums.

Der fünfzehnjährige Ludwig van Beethoven.

Lithographie der Gebrüder Becker aus Koblenz von 1838.

ALS LUDWIG VAN BEETHOVEN IN BONN das Licht der Welt erblickte, hatte die Musikpflege in der Stadt, vor allem am kurfürstlichen Hof schon eine lange Tradition. Unter Kurfürst Ferdinand wirkten italienische, später französische und süddeutsche Musiker in Bonn. Das kurfürstliche Interesse galt gleichermaßen der Kirchenmusik, der konzertanten Musik und dem Musiktheater, wie auch die Kurfürsten weltliche und geistliche Macht in ihrer Person vereinigten. 1733 wird Beethovens Großvater, der Baßsänger Ludwig van Beethoven, Mitglied der Hofkapelle und übernimmt später die Leitung des Orchesters. Auch sein Sohn Johann verdient sich den Lebensunterhalt als kurkölnischer Musikus. Daß man seinen Sohn einst als den größten Sohn der Stadt Bonn feiern würde, ahnte der Vater nicht, als er sein Kind am 17. Dezember 1770 zur Taufe in die Pfarrkirche St. Remigius trug.

Von Ludwigs ersten Lebensjahren wissen wir wenig. Sein Musiklehrer war der Hoforganist Christian Gottlob Heefe, den Ludwig schon als Elfjähriger gelegentlich vertrat. Schon damals galt Ludwig als Genie. In einer vielgelesenen Zeitschrift hieß es 1783: „Er würde gewiß ein Wolfgang Amadeus Mozart werden, wenn er so fortschritte wie er angefangen." Nach einem kurzen Aufenthalt in Wien im Jahre 1787, der ihn auch mit Mozart zusammenführte, kehrte er nach Bonn zurück. Fünf Jahre später reiste er erneut an die Donau. Seine Geburtsstadt am Rhein sollte er nie wiedersehen.

Gewiß, Beethovens unsterbliche Kompositionen entstanden nicht in Bonn, sondern in Wien. Dennoch ist Bonn mehr als nur der zufällige Ort der Geburt dieses Großen der Musikgeschichte. Hier erhielt der junge Beethoven in der Umgebung der kurfürstlichen Hofkapelle seine musikalische Unterweisung, die Kunst des kurkölnischen Hofes prägte ihn und schuf die Grundlagen seines späteren Weltruhms. 30 000 Menschen sollen 1827 in Wien seinen Leichenzug begleitet haben. Daß er, der mehr als die Hälfte seines Lebens in Wien gelebt und gearbeitet hat, sich gern und häufig seiner Heimatstadt erinnerte, belegen viele seiner Briefe und Aufzeichnungen.

Notenblatt aus der Faksimile-ausgabe von Beethovens Neunter Symphonie d mit den Anfangsnoten von Schillers Hymne An die Freude: ›Freude, schöner Götterfunken, Tochter von Elysium ...‹

EIN ZWISCHENSPIEL NANNTE MAN DIE REGIERUNGSZEIT des Kurfürsten Max Friedrich von Königsegg-Rothenfels (1761–1784). Der weithin unbekannte Kölner Domdechant war nach dem plötzlichen Tod von Clemens August zu dessen Nachfolger gewählt worden. Zwar propagierte er Sparsamkeit, vermochte aber sonst der kurkölnischen Politik keine besonderen Impulse zu geben.
Den Intrigen am Hofe gegenüber war er machtlos. Er geriet schon bald vollständig unter den Einfluß seines ersten Ministers, des Grafen Caspar Anton von Belderbusch, auf dessen Betreiben hin 1780 der Habsburger Maximilian Franz, jüngster Sohn der Kaiserin Maria Theresia, in Köln zum Koadjutor mit dem Recht der Nachfolge gewählt wurde.

Begrüßung des Koadjutors Max Franz durch den Kurfürsten Maximilian Friedrich vor der Bonner Residenz.
Ölgemälde, um 1780, Jakob Rousseau zugeschrieben.

MAX FRANZ TRAT 1784 DIE NACHFOLGE IN KURKÖLN AN. Bis zu seinem Tode 1801 blieb er nominell Kurfürst von Köln, doch mußte er bereits nach einer zehnjährigen Regierungszeit sein Land unter dem Druck der Auswirkungen der Französischen Revolution verlassen. Max Franz hat in diesen 10 Jahren vieles unternommen, um sein politisches Ziel – Bildung und Wohlstand der Bevölkerung – zu verwirklichen. Während seine Bemühungen um die Lehrerbildung und die Neugestaltung des Schulwesens über Anfänge nicht hinauskamen, gelang es ihm bereits 1786, die unter seinem Vorgänger gegründete Akademie zur Universität auszubauen. Mit ihren mehr als 500 Studenten wurde sie bald zur Konkurrenz für die altehrwürdige, aber in ihren Traditionen erstarrte Universität Köln. Später charakterisierte man die neue Hochschule als „Bollwerk der Aufklärung am Niederrhein". Persönlich galt Max Franz als bescheiden, ja sogar als ungepflegt. Das Pompöse des Rokoko verabscheute er, obwohl er ein Freund und Förderer von Musik und Theater, ja der Künste überhaupt war. Ihm verdankte der junge Beethoven seine Reise nach Wien und damit den ersten Schritt auf seinem Wege zum Ruhm. Eine der Maximen des Landesherrn war die Sparsamkeit. Sein vielzitiertes Wort „Land und Leute regieren ist ein Amt, eine Staatsbedienung" läßt die Erinnerung an ähnliche Aussprüche König Friedrichs II. von Preußen aufkommen. Auch in der Wahrnehmung seiner kirchlichen Pflichten unterschied er sich grundlegend von seinen Vorgängern. Er ließ sich nicht durch seine Weihbischöfe vertreten, sondern unternahm höchstpersönlich Firm- und Visitationsreisen und nahm Kirch- und Priesterweihen vor.

Auch in der Bevölkerung machten sich die Ideen der Aufklärung breit. In Bonn bestand ein Zweig des radikalen Illuminatenordens, der 1785 verboten wurde, aber zwei Jahre später in der Bonner Lesegesellschaft in gemäßigter Form wieder auferstand. Die Vehikel des neuen Denkens waren hauptsächlich Presse und Literatur. Das seit 1785 erscheinende *Bönnische(s) Intelligenzblatt* beispielsweise führte in seinem Untertitel die Begründung *zur Beförderung der Aufklärung.*

Kurz war die Epoche der Aufklärung in Bonn, kurz auch die Regierungszeit des letzten Kölner Kurfürsten. Nach seiner Flucht vor den Franzosen hielt sich Max Franz in Besitzungen des Deutschritterordens auf, deren Hoch- und Deutschmeister er war. Seine Untertanen hatten ihm auch nach 1794 immer wieder ihre Anhänglichkeit bezeugt; Hoffnung auf eine Rückkehr in seine linksrheinischen Lande wird jedoch Max Franz bei seinem Tod in Wien im Jahre 1801 nicht mehr gehegt haben.

Maximilian Franz,
Erzherzog von Österreich
(1756–1801),
sechzehntes Kind
der Kaiserin Maria Theresia,
letzter Kurfürst von Köln.
Gemälde eines unbekannten Meisters.

Von Sr. Kurfürstl. Durchlaucht zu Köln rc. rc.
gnädigst privilegirtes
Bönnisches Intelligenzblatt,
in Anzeigen und Aufsätzen zum Besten des Nahrungsstandes und zur Beförderung der Aufklärung.

I. Stück. Donnerstag, den 1. Januar, 1789.

Gnädigste Verordnung.
Von Gottes Gnaden Maximilian Franz, Erzbischof und Kurfürst zu Köln rc.

Aus landesherrlicher Fürsorge für das allgemeine Beste Unserer getreuen Unterthanen sind Wir mildest bewogen worden, einen, zu einem neuen Intelligenzblatte Uns unterthänigst vorgelegten Plan zu bestätigen, und dieses Intelligenzblatt (welches im Anfange künftigen Jahrs, in Unserer Residenzstadt Bonn wöchentlich einmal erscheinen wird) für Unser Rheinisches Erzstift, und das Vest Recklinghausen gnädigst zu privilegiren.

Um dasselbe für das Publikum um desto gemeinnütziger zu machen, haben Wir gnädigst gutgefunden, Folgendes zu verordnen:

Erstens: Befehlen Wir allen Unsern kurfürstlichen so wohl, als unterherrlichen Gerichten, die bei ihnen ausgefer-

Fünfter Jahrgang.

tigten Verkaufsanzeigen, und dergleichen jedesmal frühzeitig, so wie auch die Zahl der, in jedem verflossenen Jahre unter ihren Gerichtsbezirken Gebornen und Verstorbenen, mit Bemerkung des Geschlechts, auch der verehelichten Personen, alle Jahre um Ostern an das Intelligenzkomtoir zur Einrückung unfehlbar einzusenden. Wobey Wir dann zugleich denselben die genaueste Befolgung der, unterm 27. Hornung 1779 in Betreff der Tauf-Kopulations- und Sterbbücher, erlassenen Verordnung hiemit schärfest einbinden.

Zweytens gebieten Wir allen Pfarrern Unserer Rheinischen Kurlande, und des Vestes Recklinghausen, welche zu auswärtigen Diöcesen gehören, wie auch allen Predigern der Augsburgischen Konfession, den, von dem Gerichte jedes im Jänner jeden Jahrs, ihnen zuzustellenden Büchern die im nächstverflossenen Jahre vorgegange-

Titelseite
des ›Bönnischen
Intelligenzblattes‹
vom 1. Januar 1785.

Der Draitschbrunnen mit kurenden Gästen und dem vom kurfürstlichen Leibkoch Sutor geführten Gasthaus.

Zeitgenössischer Kupferstich von Karl Dupuis.

MAX FRANZ WAR ES AUCH, der die Entwicklung des bäuerlichen Godesberg zum vielbereisten Badeort des 19. und 20. Jahrhunderts begründete.

1790 erwarb er den an der heutigen Brunnenallee gelegenen *Draitschbrunnen.* Ein Gutachten von zwei Professoren der jungen Bonner Universität – des kurfürstlichen Leibarztes Dr. von Ney und des Chemikers Dr. Wurzer – hatte den gelegentlich kränkelnden Max Franz zu diesem Schritt bewogen. Gleichzeitig reifte in ihm der Entschluß, in der Um-

gebung der Heilquelle einen regelrechten Kur- und Badeort großen Stiles zu schaffen. Alleen und bequeme Gehwege wurden in der reizvollen Landschaft zu Füßen der Burgruine angelegt.
Auch für Unterhaltung wurde gesorgt. Im August 1790 begannen die Arbeiten für einen Ball- und Konzertsaal, die Redoute. Gleich nebenan entstand ein Theater. Fremden- und Logierhäuser schlossen sich an. Die Bauten waren noch nicht vollendet, als am Pfingstmontag 1791 in Gegenwart des Kurfürsten und illustrer Gäste die erste Brunnensaison festlich eröffnet wurde. Im Juli 1792 besuchte Joseph Haydn die kurkölnische Hauptstadt. Die Hofkapelle, in der auch der junge Beethoven musizierte, gab ihm zu Ehren ein Konzert in der Redoute; eine für die Musikgeschichte bedeutsame Zusammenkunft. Eine eigene Gesellschaft wurde ins Leben gerufen, die Spiel- und Tanzlustbarkeiten organisieren sowie das Monopol für den Mineralwasserexport erhalten sollte. Gegenüber der nun ausgebauten Quelle ließ der Kurfürst das Gasthaus *Zum schönen Brunnen* errichten und übertrug die Leitung seinem Leibkoch. Es entstand eine regelrechte „Außenstelle" des kurfürstlichen Hofes, die im Begriff stand, zu einem international renommierten Badeort zu werden. Doch die französische Zeit nach 1794 brachte einen tiefen Einschnitt. Für eine Reihe von Jahren fiel Godesberg wieder in seine alte, weitaus unbedeutendere Rolle zurück.

Der alte Ortskern des Dorfes Godesberg, nur wenige hundert Meter von Redoute und Brunnen entfernt, hat noch lange seine ursprüngliche Struktur bewahren können.

Zeitgenössischer Kupferstich von Karl Dupuis.

Die 1790/92 errichtete Redoute mit Theater und den sich anschließenden Fremdenhäusern in einer damals noch völlig unbebauten Umgebung.

Kolorierter Stich von Lorenz Janscha, veröffentlicht 1798.

Ein friedliches Stadtpanorama am Ende eines friedlichen Jahrhunderts. Kaum ein anderes Motiv aus Bonn ist derart häufig abgebildet worden.

Das Blatt trägt die Signatur C. Lincke.

AM 3. OKTOBER 1794 SEGNETE KURFÜRST ERZBISCHOF MAX FRANZ von der Rathaustreppe aus die Bonner Bevölkerung. Der Landesherr stand im Begriff, seine Residenzstadt zu verlassen; französische Revolutionstruppen näherten sich unaufhaltsam dem Rhein.

Der größte Teil der Bonner Bürger sah den Kurfürsten ungern ziehen. Zu keiner Zeit der Stadtgeschichte hat der vielzitierte Satz, daß es sich „unter dem Krummstab gut leben läßt", eine solche Berechtigung besessen wie im nunmehr zu Ende gehenden 18. Jahrhundert. Die Stadt und ihr Umland hatten sich von den verheerenden Belagerungen und Zerstörungen recht schnell wieder erholt. Bonn war unter den beiden letzten Kölner Kurfürsten aus dem Hause Wittelsbach, Josef Clemens und Clemens August, zu einem Zentrum barocker Prachtentfaltung aufgestiegen und hatte nicht wenigen Bürgern Arbeit und Brot verschafft. Kriege und Seuchen waren der Stadt in den vergangenen Jahrzehnten erspart geblieben, und der nun auf Nimmerwiedersehen Abschied nehmende Kurfürst Max Franz hatte sein Land und an erster Stelle seine

Hauptstadt politisch wie kulturell dem Geist der Aufklärung geöffnet. Die Ereignisse in Frankreich seit dem Sturm auf die Bastille wurden natürlich auch im Erzstift Köln zur Kenntnis genommen, doch hielt sich die Begeisterung für das Geschehen in und um Paris gerade bei der Bonner Bevölkerung in engen Grenzen. Die Zahl derer, die mit den politischen Zuständen am Rhein zufrieden waren, überwog bei weitem.
Vom Rathaus begab sich der Kurfürst an jenem denkwürdigen 3. Oktober 1794 zum Rhein hinunter. Noch einmal segnete er, den zeitgenössischen Quellen zufolge, die Stadt, ehe er die Fähre betrat und Bonn für immer verließ. Fünf Tage später besetzten die Franzosen, ohne daß es zu Kampfhandlungen gekommen wäre, die kurkölnische Hauptstadt. Eine für die Bonner Stadtgeschichte bedeutsame Epoche war zu Ende gegangen.

Briefkopf der Bonner Stadtverwaltung.

Freiheit. Gleichheit.

Bonn, den 5ten Jahrs der französischen Republik.

Die Munizipal-Verwaltung von Bonn

Unter französischer Herrschaft

Errichtung des Freiheitsbaums auf dem Bonner Marktplatz am 12. Oktober 1794.
Zeitgenössisches Ölgemälde von Franz oder Jakob Rousseau.

DIE EINEN SPRECHEN VON EPISODE, DIE ANDEREN VON EPOCHE. Gemeint ist die knapp zwei Jahrzehnte andauernde französische Herrschaft im linken Rheinland. Am 8. Oktober 1794 besetzten französische Truppen von Norden kommend die Haupt- und Residenzstadt der Kölner Kurfürsten. Sie trafen auf keinerlei Gegenwehr, die letzten verbliebenen kurkölnischen Soldaten hatten sich, dem Beispiel ihres Landesherrn folgend, auf die andere Rheinseite abgesetzt.

Als sichtbares Zeichen dafür, daß die Errungenschaften der Französischen Revolution nunmehr auch in Bonn ihren Eingang gefunden hatten, wurde bereits am 12. Oktober auf dem Marktplatz vor dem Rathaus ein Freiheitsbaum gepflanzt, geschmückt mit Jakobinermütze und blau-weiß-roter Kokarde. Weit einschneidender waren für die Bonner die nicht unbeträchtlichen Forderungen der Besatzer an Lebensmitteln, Kleidung und Unterkunft. Überhaupt kam es zu einer regelrechten Verarmung der Stadt, die zudem in diesen Jahren 20 Prozent ihrer Bevölkerung einbüßte. Der kurfürstliche Hof, die Landesverwaltung, die Universität, also die bedeutendsten Wirtschaftsfaktoren der Stadt, hatten aufgehört zu bestehen.

Eine der ganz wesentlichen Neuerungen jener Jahre war die längst überfällige Aufhebung des Zunftzwangs, womit erstmals die Gewerbefreiheit durchgesetzt wurde. Aber auch hier gilt: des einen Wohl, des anderen Weh. Die Masse der städtischen Handwerker sah sich ihrer Monopolstellung beraubt, während sich vor allem auswärtigen Unternehmern völlig neue Möglichkeiten boten. So kam es auch in Bonn zur Ansiedlung einer Reihe mittlerer und größerer Industriebetriebe, insbesondere im Bereich der Textilindustrie.

DAS AM AUSGANG DES MARIENFORSTER TALS im heutigen Stadtbezirk Bad Godesberg gelegene Kloster war nur eine von zahllosen kirchlichen Einrichtungen, die im Zuge der Säkularisation aufgehoben wurden. Auch in Bonn und Umgebung wurden sämtliche Klöster und Stifte aufgelöst, die verbliebenen Ordensleute abgefunden, die Gebäude meistbietend verkauft, verpachtet oder für staatliche Zwecke als Magazine oder Kasernen verwendet.
In dem Bemühen, staatliche und kirchliche Grenzen in Einklang zu bringen, wurde die althergebrachte Dekanatsverfassung aufgegeben. An ihre Stelle trat eine Einteilung in Kantonal- (Haupt-) und Sukkursal- (Hilfs-)pfarreien. Die Kirche des Cassius-Stiftes, das Münster, wurde Hauptpfarrei für Bonn, St. Laurentius in Lessenich übernahm diese Funktion für das Bonner Umland. Hilfspfarreien in der Stadt Bonn wurden die Dietkirche sowie St. Remigius, nachdem die alte Pfarrkirche niedergelegt und der Gottesdienst in die ehemalige Minoritenkirche übertragen worden war. Ebenfalls abgerissen wurden die früheren Pfarrkirchen St. Martin und St. Gangolf.
In staatlichen Besitz gelangten auch die Liegenschaften des geistlichen Kurstaates, allen voran die kurfürstlichen Bauten. Das Schlößchen *Vinea Domini* wurde passenderweise einem Weinhändler, das bereits in Verfall begriffene Jagdschloß Herzogsfreude in Röttgen auf Abbruch verkauft.
Kaum eine andere Maßnahme der französischen Herrschaft veränderte so nachhaltig die politische Landschaft Mitteleuropas. Die katholische Kirche, bis zum Ende des 18. Jahrhunderts nicht nur in geistlicher, sondern auch in politischer Hinsicht ein Machtfaktor ersten Ranges, verlor im Zuge der Säkularisation den größten Teil ihres weltlichen Besitzes.

Marienforst; der heutige Gutshof war bis zur Säkularisation ein Kloster des Birgitten-Ordens
Stich von Karl Dupuis, 1790.

Die politische Entwicklung des rechtsrheinischen Bonn verlief in anderen Bahnen. Die kurkölnische Unterherrschaft Vilich, der Nordteil der späteren Stadt Beuel, kam infolge der Säkularisation in den Besitz des Fürsten von Nassau-Usingen, der damit für an Frankreich verlorene linksrheinische Ländereien entschädigt wurde. Am 8. Dezember 1802 nahmen Vertreter des neuen Landesherrn die Huldigung der Vilicher entgegen.

Der südliche Teil Beuels einschließlich Oberkassel gehörte seit dem Mittelalter zum Herzogtum Berg. Dieses Territorium kam 1806, gleichzeitig zum Großherzogtum erhoben, an Napoleons Schwager Joachim Murat. Im gleichen Zusammenhang mußte Nassau auf seine gerade erst erworbenen Besitzungen in Vilich zugunsten des Großherzogs verzichten.

Mit den übrigen Staaten des Rheinbundes, eines an Frankreich orientierten Staatenbundes, war Berg ein französischer Satellitenstaat geworden, dessen Verwaltung 1808 sogar der Pariser Zentrale unterstellt wurde. Die Auswirkungen der Französischen Revolution – genannt sei hier stellvertretend die Vereinheitlichung des Rechtssystems durch die Einführung eines bürgerlichen Gesetzbuches *(Code civil)* – wurden daher auch dem Großherzogtum Berg zuteil.

Mit der Inbetriebnahme der Alaunhütte im Jahre 1806 begann die Industrialisierung Beuels. Im früheren Wohngebäude, rechts im Bild, befindet sich heute das Forsthaus Hardt.

Problematisch erwies sich hingegen der Bereich der Wirtschaft. Wie schon zuvor in Frankreich hatte man nach 1806 zunächst auch rechts des Rheins durch die Aufhebung des Zunftzwanges von der Gewerbefreiheit profitiert. Die Kontinentalsperre, das 1805 durch Napoleon über England verhängte Handelsembargo, sowie Frankreichs rücksichtslose Konzentrierung auf den eigenen Binnenmarkt brachten schwere Zeiten für viele rechtsrheinische Unternehmer. Kein Wunder, daß aus Kreisen der bergischen Wirtschaft häufig der Ruf nach einem Zusammenschluß mit Frankreich laut wurde.

DURCH DEN VERTRAG VON LUNÉVILLE VOM 9. FEBRUAR 1801 wurde der Rhein zur französischen Ostgrenze. Unmittelbare Konsequenzen für die linksrheinische Bevölkerung ergaben sich hieraus nicht; bereits seit Jahren bestimmte Paris am Rhein. So hatten die Franzosen 1797 schon nach wenigen Wochen die von Anhängern eines selbständigen, an Frankreich angelehnten Rheinstaates ausgerufene *Cisrhenanische Republik* wieder rückgängig gemacht und dafür die französische Verwaltungsorganisation auf das linke Rheinland übertragen: Bonn wurde Sitz einer Unterpräfektur im neugebildeten Rhein-Mosel-Departement. Die einstige Landeshauptstadt sollte fortan auch in politischer Hinsicht nur noch eine Nebenrolle spielen dürfen.

Im September 1804, drei Monate bevor er sich zum Kaiser der Franzosen krönte, besuchte Napoleon erstmals die Stadt Bonn. Noch prunkvoller als die erste gestaltete sich seine zweite Visite im Jahre 1811: Ehrenpforten wurden errichtet und die Häuser mit Girlanden geschmückt. Die in Bonn stationierten Truppen marschierten zum Empfang ihres obersten Kriegsherrn auf. Doch nur kurz sollte der Kaiser in Bonn verweilen. Von Wesel kommend hatte er Düsseldorf, der Hauptstadt des Großherzogtums Berg, seine Aufwartung gemacht, war nach Köln weitergereist, von wo er am Morgen des 6. November einen Abstecher nach Bonn unternahm. Ausschließlich strategische Überlegungen führten ihn in die Stadt. Es galt die Frage zu beantworten, ob Köln oder Bonn zur Festung ausgebaut werden sollte. Zur Erleichterung der Bonner entschied sich der Kaiser für die größere Nachbarstadt, nachdem er von der rechten Rheinseite aus das Gelände in Augenschein genommen hatte. Bereits am frühen Nachmittag reiste der damals mächtigste Mann Europas wieder ab.

Begleitet hatten ihn der Bonner *Maire* Graf Belderbusch sowie sein Vilicher Amtskollege Stroof, die seit 1804 bzw. 1809 amtierten. Sie fungierten nicht mehr als Organe einer selbstverwalteten Kommune, sondern als vom Präfekten abhängige Beamte. Diese französische Munizipalverfassung hatte im Rheinland Bestand bis in die Mitte des 19. Jahrhunderts, ein typisches Beispiel für historische Kontinuitäten auch über sogenannte Epochengrenzen hinweg.

Napoleons Stern sank unaufhörlich seit dem Rußland-Feldzug von 1812 und der Niederlage in der Völkerschlacht bei Leipzig im Oktober 1813. Im Januar 1814 räumten die letzten Franzosen die Stadt Bonn. Nach einem Jahr der politischen Ungewißheit nahm der preußische König Friedrich Wilhelm III. mit der ganzen späteren Rheinprovinz auch Bonn offiziell in seinen Besitz.

Anton Maria Karl Graf von Belderbusch, Oberbürgermeister von Bonn (1804–1816), und Leonhard Stroof, Bürgermeister von Vilich (1809–1825): Kontinuität über Epochengrenzen hinweg.

*Blick vom Dach der Universität,
dem früheren Residenzschloß,
nach Süden über die heutige
Adenauerallee zum
Siebengebirge.*
Stich von Lange und Poppel, um 1850.

Universität

Rheinromantik und Revolution

Die einstige Residenz der Kurfürsten als Mittelpunkt der preußischen Universität; im Vordergrund das heutige Akademische Kunstmuseum, erbaut als Anatomisches Theater.
Stich von Bernhard Hundeshagen, vor 1830.

Die für die Bonner Stadtgeschichte wohl bedeutendste Maßnahme der Preußen war die Gründung der Rheinischen Friedrich-Wilhelms-Universität, deren Stiftungsurkunde König Friedrich Wilhelm III. am 18. Oktober 1818 unterzeichnete. Bereits 1814 hatten die Bonner Stadtväter den Wunsch vorgetragen, die alte, in kurfürstlicher Zeit gegründete Universität wiederherzustellen. Gefährlichster Rivale um den Standort der im Rheinland zu gründenden Universität war Köln, das aufgrund seiner Größe und seiner Jahrhunderte alten *Alma mater* durchaus Fürsprecher in der preußischen Staatsverwaltung fand. Den Ausschlag für Bonn gab schließlich die Überlegung, daß die Stadt mit ihrer „aufgeklärten" Tradition für eine konfessionell paritätische Hochschule geeigneter erschien als das „heilige Köln". Hinzu kam, daß Bonn über ausreichende Räumlichkeiten verfügte. Das seit der Säkularisation in den Händen des Fiskus liegende kurfürstliche Residenzschloß sowie das Lustschloß Clemensruh in Poppelsdorf wurden der neugegründeten Universität übertragen. Weiterer Raumbedarf bestand am Anfang nicht, so daß in der Folgezeit zunächst lediglich zwei universitäre Zweckbauten, die Sternwarte beim Poppelsdorfer Schloß sowie das sogenannte Anatomische Theater an der Südseite des Hofgartens, das heutige Akademische Kunstmuseum, errichtet werden mußten. Die Entwürfe für beide Gebäude sind seinerzeit von dem großen Architekten Karl Friedrich Schinkel überarbeitet worden.

Der Bonner Raum wurde Teil des neugeschaffenen Regierungsbezirks Köln. Bonn wurde erst 1887 kreisfreie Stadt. Die in französischer Zeit beiderseits des Rheins gebildeten *Mairien* blieben als Bürgermeistereien bestehen.

DER ERSTE OFFIZIELLE EVANGELISCHE GOTTESDIENST IN BONN seit den Jahren der Reformation fand statt am 29. Dezember 1816 in der Schloßkirche. Bereits in der Franzosenzeit hatten sich nach langen Jahren wieder Protestanten in Bonn niedergelassen, doch sollte es erst am 5. Juni 1816 zur Gründung einer evangelischen Gemeinde kommen. Auf Einladung der preußischen Verwaltung hatten sich an diesem Tag etwa 40 lutherische und reformierte „Hausväter" im Rathaus eingefunden und gemäß den Bestimmungen des Allgemeinen Preußischen Landrechts von 1786 formell eine Gemeinde gegründet. 1817 übertrug der König der jungen Gemeinde offiziell die Schloßkirche als Gottesdienstraum und 1819 wurde Karl Heinrich Sack, Theologieprofessor der neuen Universität, als erster Pfarrer der Bonner Gemeinde eingeführt.
Weit älter ist die evangelische Tradition im rechtsrheinischen Oberkassel. Schon um 1550 wurde hier im reformatorischen Sinne gepredigt, doch sollte es aufgrund der kirchlichen und politischen Wirren im Herzogtum Berg bis 1672 dauern, ehe ein Religionsvergleich den Bestand der evangelischen Gemeinde auf Dauer sicherte. Die heute noch bestehende alte evangelische Kirche wurde, wie die Inschrift über dem ursprünglichen Hauptportal besagt, 1683 errichtet.

Die alte evangelische Kirche in Oberkassel, eines der ältesten evangelischen Gotteshäuser im Rheinland. Als ›Verkehrshindernis‹ wäre sie noch vor gar nicht allzu langer Zeit beinahe der Spitzhacke zum Opfer gefallen.

Die Kapelle des Residenzschlosses, in der früher die Kölner Kurfürsten die Messe lasen, wird 1817 Gotteshaus für die erste evangelische Gemeinde in Bonn.

Stich von J. Jung nach einer Zeichnung von Christian Hohe.

Die Landwirtschaft prägte noch lange die unmittelbare Umgebung Bonns. Die Ruine der Godesburg mit der unterhalb gelegenen Michaelskapelle vor der Kulisse des Siebengebirges wurde eines der Symbole der Rheinromantik.
Stich von Gottfried Kühn, um 1840.

IST VON DER ZEIT DES BIEDERMEIER DIE REDE, so kommen uns behagliche Bürgerlichkeit, Zurückgezogenheit und Ordnungsliebe in den Sinn, um nur einige Begriffe zu nennen. Die turbulenten politischen Ereignisse hatten die Menschen verunsichert; die private Sphäre und die häusliche Idylle waren deshalb beliebte Refugien. Ein Hang zur Beharrlichkeit und ein Anflug von Spießigkeit machten sich in weiten Kreisen bemerkbar. In der großen Politik suchte man gar das Rad der Geschichte

Ansicht der Stadt Bonn von Südwesten aus der Baumschulallee.
Stich von Bernhard Hundeshagen, um 1830.

zurückzudrehen. Zu Recht wird diese Epoche auch als das Zeitalter der Restauration bezeichnet.

Ein Wandel vollzog sich dagegen in der sozialen Struktur. Nachdem die ersten industriellen Versuche der Franzosenzeit wieder verklungen waren, rückte nun das Bürgertum immer mehr in den Mittelpunkt. Professoren, Beamte und Offiziere kamen in den Jahren und Jahrzehnten nach 1815 nach Bonn und ließen sich hier nieder. Zum Großteil handelte es sich um Protestanten aus den preußischen Stammlanden – eine durchaus beabsichtigte Personalpolitik der Regierung. Zwangsläufig mußte dies im katholischen Rheinland zu konfessionellen Streitigkeiten führen. Der berühmte „Mischehenstreit", der 1837 in der Verhaftung des Kölner Erzbischofs Clemens August Droste zu Vischering gipfelte, besaß hierbei besondere Brisanz.

In diesem gespannten konfessionellen Klima kam es auf katholischer Seite zur Wiederbelebung traditioneller Formen der Volksfrömmigkeit, wie Wallfahrten und Prozessionen, die im Zuge der Aufklärung einen deutlichen Rückgang erlebt hatten.

Neue und intensive Formen der Volksfrömmigkeit entstehen. Idyllische Darstellung eines Kirchgangs zur Schwarzrheindorfer Doppelkirche.

Zeitgenössischer Stich von Oelschig nach einer Zeichnung von E. Bendemann.

Die Bonner Nobelherberge war der ›Königshof‹, das ›Grand Hotel Royal‹, in dem sich 1845 Königin Victoria von England und ihr Gemahl Albert aufhielten.
Lithographie von F. W. Henrigs.

Blick vom Dach des Hotels ›Königshof‹ nach Norden auf die Stadt Bonn.
Stich von Lange und Poppel, 1856.

DER FREMDENVERKEHR WURDE IN DER ERSTEN HÄLFTE DES 19. JAHRHUNDERTS, vor allem im Zeichen der Rheinromantik, zu einem regelrechten Wirtschaftsfaktor für die Stadt Bonn. Neue elegante Hotels und Pensionen entstanden, die Gastronomie blühte. Postkutsche, Dampfschiff und seit der Jahrhundertmitte die Eisenbahn brachten unzählige Besucher aus dem In- und Ausland nach Bonn, das sich als Ausgangspunkt für eine Reise entlang des malerischen Mittelrheins empfahl.

Nahezu unüberschaubar ist die in diesen Jahrzehnten erschienene, sich um den Rhein und seine Geschichte rankende Literatur: Reisebeschreibungen, Sagen- und Märchensammlungen; nicht zu vergessen sind die historisch-politischen Dichtungen. Im Zuge eines veränderten Naturgefühls und eines in den Kriegen gegen Napoleon erwachten Patriotismus wurde der Fluß, insbesondere der Abschnitt zwischen Bonn und Mainz, zum Inbegriff für landschaftliche Vielfalt und Schönheit sowie auch zum Symbol für ein noch zu schaffendes einiges Deutschland. Deutlich wird

die übersteigerte Sichtweise in der zeittypischen Aussage des Bonner Schriftstellers und Germanisten Karl Simrock, für den der Rhein „der ehrwürdige Herd aller deutschen Kultur“ war.
Der größte Teil des heutigen Bonner Stadtgebietes war in der ersten Hälfte des 19. Jahrhunderts dörflich-agrarisch strukturiert. Während die eigentliche Stadt Bonn um 1828 etwa 12 000 Einwohner zählte, lebten ca. 15 000 Menschen in den umliegenden links- und rechtsrheinischen Ortschaften. Die Landwirtschaft bestimmte in diesen Dörfern weitgehend den Tagesrhythmus. Der Weinanbau spielte dabei noch bis weit über die Jahrhundertmitte hinaus eine wichtige Rolle, und dies nicht nur am Fuß der Godesburg. Der *Muffendorfer Rote* soll sogar eine überregional beachtete Qualität besessen haben. Im weiteren Verlauf des Jahrhunderts ging die Zahl der Rebstöcke im Bonner Umland immer stärker zurück; an ihre Stelle trat bis heute der Gemüse- und Obstanbau.

Blatt aus einem Skizzenbuch von Jacob Burckhardt mit dem Drachenfels, von der Wolkenburg aus gesehen, mit dem Rhein und der Insel Nonnenwerth. Burckhardt fertigte die Zeichnung wahrscheinlich während seiner Bonner Studienzeit im Sommer 1841.

Der Blick vom Alten Zoll, der südlichen Stadtbefestigung, den Rhein hinauf zählt bis heute zu den beliebtesten Aussichtspunkten in Bonn.
Stich von Jakob Roux, um 1816.

Die geordnete Welt des Biedermeier auf der heute weit weniger beschaulichen Bundesstraße 9 zwischen Bonn und Godesberg.

Zeitgenössischer Stich von Bouvinet nach einer Zeichnung von Bernhard Hundeshagen.

DEN VERBESSERTEN VERKEHRSVERHÄLTNISSEN VERDANKT BONN nicht zuletzt den Aufschwung des Tourismus. Der schon zu Zeiten Napoleons begonnene Ausbau des Straßennetzes ging einher mit der Intensivierung des Postkutschenbetriebes. Hinzu kamen die Schiffahrt – Bonn wurde eine der Hauptanlegestellen der seit 1826/27 verkehrenden Dampfboote – sowie später vor allem die Eisenbahn. 1844 wurde der erste Bonner Bahnhof eröffnet. Sechs Züge verkehrten täglich zwischen Köln und Bonn, wo die Strecke zunächst endete. Reisende mußten von hier aus zur Freude des Bonner Gastgewerbes auf andere Verkehrsmittel umsteigen. 1855 wurde die Linie über Godesberg bis Rolandseck, 1858 dann bis Koblenz fertiggestellt. Am 15. Dezember 1859 erfolgte schließlich die Einweihung der gesamten Strecke Köln–Mainz mit einem festlich geschmückten Sonderzug, der in Bonn, wie die Presse berichtete, „mit der vom Musikcorps des 7. Husarenregiments ausgeführten Volkshymne *Heil Dir im Siegerkranz* empfangen“ wurde.

Der erste Bonner Bahnhof von Südwesten gesehen vor der Kulisse der Münsterkirche. 40 Jahre tat die Station ihren Dienst, bis 1885 gleich links nebenan der neue Bonner Hauptbahnhof errichtet wurde.

Nach einer Lithographie von Aimé Henry, um 1860.

Übergroß war das Interesse der Öffentlichkeit, als am 12. August 1845 das vom Dresdner Bildhauer Ernst Hähnel geschaffene Denkmal in Bonn enthüllt wurde.
Zeitgenössisches Klebebild.

EINES DER GLANZVOLLSTEN EREIGNISSE DER BONNER STADTGESCHICHTE war die Enthüllung des Beethoven-Denkmals auf dem Münsterplatz am 12. August 1845. Zu den illustren Gästen zählten der preußische König Friedrich Wilhelm IV. sowie die englische Königin Victoria, die vom Balkon des Palais Fürstenberg – der heutigen Hauptpost – der Feier beiwohnten.

Wenngleich zur Enttäuschung der Veranstalter bedeutende Persönlichkeiten sich nicht zu diesem Fest eingefunden hatten – immerhin waren mit Berlioz, Liszt und Spohr drei Große der damaligen Musikszene erschienen –, ist dieses erste Beethovenfest als jene Veranstaltung in die Musikgeschichte eingegangen, die Beethovens Genialität der Weltöffentlichkeit bekannt gemacht hat. In Bonn selbst wurde damit eine Tradition begründet, aufgrund welcher im Jubiläumsjahr 1989 das 33. Beethoven-Fest veranstaltet wird.

Überhaupt hat das kulturelle Leben in Bonn eine beachtliche Vergangenheit. Neben der Musik spielte gerade auch das Theater schon in kurfürstlicher Zeit eine große Rolle. Als Ort der Kurzweil für den Landesherrn, dann als „moralische Anstalt" im Zeichen der Aufklärung erlebte das im Schloß untergebrachte Hoftheater eine erste Blüte. Über verschiedene Provisorien ging der Weg zum Stadttheater des 19. Jahrhunderts, das im Revolutionsjahr 1848 an der Theaterstraße einen imposanten Neubau beziehen konnte.

Energisch hatte sich auch Robert Schumann für die Errichtung eines Beethoven-Denkmals eingesetzt. An schweren Depressionen leidend, wurde er, der in Düsseldorf das Amt des Städtischen Musikdirektors bekleidete, 1854 in die private Heil- und Pflegeanstalt des Dr. Richarz nach Endenich gebracht. Dort starb er 1856 und wurde auf dem Alten Friedhof in Bonn beigesetzt. 40 Jahre später wurde Clara Schumann neben ihrem Mann bestattet.

Robert und Clara Schumann.
Lithographie von 1847.

Gottfried Kinkel (1815–1882), Literat und Professor, und der Student Carl Schurz (1829–1906), die führenden Köpfe der demokratischen Bewegung in Bonn. 1850 befreite Schurz seinen Lehrer Kinkel auf spektakuläre Weise aus dem Gefängnis, wo er aufgrund seiner Beteiligung am Badisch-Pfälzischen Aufstand eine lebenslange Haftstraße zu verbüßen hatte. Beide gingen ins Ausland: Kinkel nach England und in die Schweiz, Schurz als Senator und Innenminister in die Vereinigten Staaten.

Die zahlreichen Versammlungen und Demonstrationen vom Februar und März 1848 an vielen Orten im Gebiet des Deutschen Bundes forderten eine liberale Verfassung und nationale Einheit. In Bonn richteten Universität und Stadtrat Petitionen an den preußischen König, und am 18. März erlebte die Stadt einen vielbejubelten Umzug, an dessen Spitze Gottfried Kinkel marschierte, wie sein Freund und Mitstreiter Carl Schurz in seinem Tagebuch vermerkte. Kinkel trug demonstrativ die schwarz-rot-goldene Fahne und prophezeite bei der abschließenden Kundgebung „der deutschen Nation eine herrliche Zukunft".
Während bei den Wahlen vom Mai 1848 in Bonn gemäßigte Kandidaten siegreich blieben – insgesamt saßen neun Bonner, ausnahmslos Professoren, in den Parlamenten von Berlin und Frankfurt –, wurden im weiteren Verlauf der Geschehnisse die radikaleren Demokraten um Kinkel und Schurz tonangebend. In der Zwischenzeit vom konstitutionellen ins republikanische Lager gewechselt, wurde die von ihnen herausgegebene *(Neue) Bonner Zeitung* zu einem überlokal beachteten Blatt.
Die Erfolge der Revolution von 1848/49 blieben bekanntlich weit hinter dem ursprünglich Erstrebten zurück. Kinkels Politik mußte deshalb ebenso scheitern wie seine aufsehenerregenden Aktionen in Bonn, die Steuerverweigerungskampagne vom November 1848 und der versuchte Sturm auf das Siegburger Zeughaus im folgenden Mai.

WEDER DIE GESCHEHNISSE DER JAHRE 1848/49 noch die Gründung einzelner Wirtschaftsunternehmen veränderten wesentlich die Struktur der Stadt Bonn. Handwerk und Landwirtschaft waren weiterhin die dominierenden Erwerbszweige, hinzu kamen in geringerem Umfang der Handel sowie neuerdings der Fremdenverkehr als wichtigste Wirtschaftsfaktoren. Mit der Steingutfabrik und Kunsttöpferei Franz Anton Mehlem bestand nur ein größeres Unternehmen in der Stadt selbst. Die Steingutfabrik Wessel in Poppelsdorf sowie die Mechanische Jutespinnerei und Weberei in Kessenich lagen außerhalb der Stadt. Seit der zweiten Jahrhunderthälfte bemühten sich die Bonner Stadtväter sogar, die Ansiedlung industrieller Anlagen zu begrenzen, um die Attraktivität Bonns als Universitäts- und Rentnerstadt zu erhalten.
Ähnlich verfuhr man in der Nachbargemeinde Godesberg, der man den Charakter eines gediegenen Badeortes bewahren wollte.
Verstärkt entwickelte sich hingegen das rechte Rheinufer zu einem bedeutenden Industriestandort. Zu den größten Arbeitgebern gehörten die 1856 gegründete Portland-Zementfabrik in Ramersdorf, die bis in die jüngste Vergangenheit in Betrieb war, sowie die Rheinische Jutespinnerei in Beuel.

Bereits Mitte des 18. Jahrhunderts wurde in Poppelsdorf auf kurfürstliches Geheiß mit der Herstellung von Porzellan begonnen. 1839 zog der vergrößerte Betrieb, mittlerweile im Besitz der Bonner Familie Mehlem, in den Fabrikneubau an der heutigen Adenauerallee, wo bis 1931, seit 1920 unter Regie der Firma Villeroy & Boch, produziert wurde.

Mitglieder des 1838 gegründeten ›Corps Palatia‹ in typischer Manier vor den Ruinen der Godesburg, einem der beliebtesten Ausflugsziele der Bonner Studenten.

Die Universität mit ihrer ständig zunehmenden Studentenzahl prägte das Leben der Stadt. Die Probleme der Anfangszeit waren überwunden. Wie an heutigen Hochschulorten hatte es auch damals in Bonn Klagen über fehlende, schlechte und zu teure Wohnungen gegeben. Allmählich gewöhnten sich die Bürger und die Angehörigen der Universität aneinander. Die in Corps und den zeitweise verbotenen Burschenschaften organisierten Studenten wurden zu einem festen Bestandteil des Stadtbildes. Prominente Wissenschaftler und ein erweitertes Studienangebot, vor allem die 1847 gegründete Landwirtschaftliche Hochschule in Poppelsdorf, schufen der Rheinischen Friedrich-Wilhelms-Universität neues Ansehen. In erster Linie waren es jedoch die Geisteswissenschaften, die das Renommee der jungen Universität auch im internationalen Vergleich begründeten. Die Klassische Philologie sowie die Literatur- und Geschichtswissenschaften waren durch hervorragende Wissenschaftler vertreten.

*E*INER DER PROMINENTESTEN UNIVERSITÄTSLEHRER der jungen Bonner Hochschule war zweifellos der auf der Ostseeinsel Rügen geborene Ernst Moritz Arndt. Als enger Mitarbeiter des Freiherrn vom Stein gehörte er schon in napoleonischer Zeit zu den energischsten Verfechtern der deutschen Einheit. Seine politischen Schriften füllen ganze Regale. Als er 1818 zum ersten Ordinarius für Geschichte an der neuen Universität berufen wurde, stand sein Name bereits für das allgegenwärtige Streben nach einem deutschen Nationalstaat. Schon 1820 wurde Ernst Moritz Arndt im Zuge der sogenannten Demagogenverfolgung suspendiert; 20 Jahre lang mußte er wegen seines Engagements von seinem Lehrstuhl fernbleiben. Sofort nach seiner Wiedereinsetzung wählte ihn die Universität 1840/41 zu ihrem Rektor, ein Zeichen für die ungeschmälerte Beliebtheit des so lange „Gemaßregelten". Auch an den Ereignissen des Jahres 1848 war er beteiligt; in der Frankfurter Paulskirche vertrat er den Wahlkreis Solingen.

Gleich nach dem Tod des allseits Geschätzten gründete sich in Bonn ein Komitee *Zur Errichtung eines ehernen Standbildes unseres Arndt.* Entsprechend der Stimmung der Zeit und dem hohen Ansehen des Verstorbenen gingen von überall her Spenden ein. Am 29. Juli 1865 wurde das Denkmal auf dem Alten Zoll unter großer Beteiligung der Öffentlichkeit enthüllt. Das zu diesem Anlaß herausgegebene Gedenkblatt vereint Stationen von Arndts Leben und zwei seiner markantesten, damals in aller Munde befindlichen Worte.

Ernst Moritz Arndt (1769–1860), politischer Dichter, Schriftsteller und Historiker; er wurde zum Symbol für das jahrzehntelange Ringen um die Einigung der deutschen Staaten.

Ausschnitt aus einer Postkarte
zum fünfzigjährigen Jubiläum
der Bonner Königshusaren.

Die Kaiserzeit

oder die „gute alte Zeit“

Das 1897 erbaute, im Zweiten Weltkrieg zerstörte repräsentative Domizil der ›Lese‹ an der heutigen Adenauerallee.

1908 war der Grundstein für das Gesellschaftshaus des ›Bürgervereins‹ an der Poppelsdorfer Allee gelegt worden. 1969 mußte der prachtvolle Bau einem Hotelneubau weichen.

Liberalismus und Katholizismus bildeten jahrzehntelang das politische Gegensatzpaar in Bonn. Erbittert wurde zwischen den beiden Lagern gestritten, handelte es sich doch nicht nur um zwei Parteien mit unterschiedlichen Programmen, sondern um Weltanschauungen, die hier aufeinanderstießen.

Die Sozialdemokratie konnte erst im 20. Jahrhundert an Einfluß gewinnen. Nach eigenem Bekunden galt Bonn als „schweres Feld", denn es sei „eine alte Universitäts- und Luxusstadt, wenig industriell".

Die führende Rolle besaß seit 1870 die neugegründete Zentrumspartei; immerhin lag der Anteil der Katholiken an der Gesamtbevölkerung des Wahlkreises Bonn-Rheinbach noch um 1900 bei etwa 80%. Bis zur unseligen „Machtergreifung" des Jahres 1933 sollte der politische Katholizismus in Bonn diese Stellung behaupten. Die Sache des Liberalismus förderte der vom Bonner Geschichtsprofessor Heinrich von Sybel gegründete überlokale *Deutsche Verein für die Rheinprovinz* mit seinen betont antikatholischen Zügen.

Der tiefe Graben zwischen den beiden großen politischen Blöcken machte sich auch im gesellschaftlichen Leben bemerkbar. Es kam zu einer Polarisierung selbst bei den bedeutenden Vereinen: Während die bereits 1787 zur Zeit der Aufklärung gegründete *Lese- und Erholungsgesellschaft* den zahlenmäßig geringeren, dabei wohlhabenderen meist nicht alteingesessenen evangelischen, liberal wählenden Bonner zum Mitglied hatte, traf sich im 1863 entstandenen *Bürgerverein* das gehobene, meist mittelständische katholische Publikum. Die 1910 jeweils etwa 600 Mitglieder zählenden Gesellschaften mit ihren gediegenen vereinseigenen Häusern gehörten nicht zuletzt aufgrund ihrer großen und gepflegten Weinkeller zu den Zentren des gesellschaftlichen Lebens in der Stadt.

Überhaupt scheint das Vereinsleben eine außerordentliche Bedeutung besessen zu haben. So nennt das Bonner Adreßbuch von 1906 mehr als 250 „confessionelle, politische, Berufs- und Fach-, wissenschaftliche und künstlerische, Musik- und Gesang-, gesellige, Turn-, Feuerwehr- und Schützen-, Sport- und Züchter- sowie sonstige" Vereine, zu denen noch eine nicht bekannte Zahl an Wohltätigkeits-, Kranken- und Sterbevereinen sowie die oft recht kurzlebigen Rauch- und Kegelklubs hinzugenommen werden müßten.

Samstag, 8. Juli 1871,

Abends 8 Uhr.

Städtische Feier

zum Empfang

der heimkehrenden Krieger.

Festessen in der Beethovenhalle.

TISCH-ORDNUNG.

Josephshöfer. Dattenberger. — **Filet mit Gemüsen.**

Erster Trinkspruch.

Salm in Mayonnaise.

Zweiter Trinkspruch.

Niersteiner. Rüdesheimer. Assmannshäuser. — **Rehbraten, Salat, Compot.**

Dritter Trinkspruch.

Wälscher Hahn in Gelée.

Vierter Trinkspruch.

Giesler. Moët et Chandon. — **Bavaroise und Eis.**

Dessert.

Bonn, Druck von Carl Georgi.

Das aufgrund seiner Monumentalität oft fälschlicherweise als „Siegessäule" bezeichnete Gefallenendenkmal wurde 1877 am Beueler Rheinufer errichtet.

WOHL NUR AUS DEM GEIST DER ZEIT HERAUS läßt sich die Begeisterung erklären, die die französische Kriegserklärung vom 19. Juli 1870 in weiten Teilen der Bevölkerung auslöste. „Hunderte Studenten und Söhne hiesiger Bürger... ließen aus den jugendlich frischen Kehlen unsere prächtigen Nationallieder laut in die schöne Mondnacht hinausschallen", schrieb damals elegisch die Bonner Tageszeitung. Auch die wenigen ängstlichen Stimmen, die eine Besetzung des linken Rheinufers durch die Franzosen befürchtet hatten, verstummten bald ob der militärischen Erfolge. Truppentransporte, 8000 kriegsgefangene französische Offiziere und fünf von privaten Initiativen getragene Lazarette waren die sichtbarsten Spuren des Kriegsgeschehens in der Stadt Bonn. Über Trauer und Leid wurde hingegen in der Öffentlichkeit weniger gesprochen als über die Kaiserproklamation vom 18. Januar 1871 im Spiegelsaal von Versailles. In der damit verbundenen Gründung des Deutschen Reiches sahen viele die Erfüllung der deutschen Geschichte.

Josef Hubert Reinkens (1821–1896), seit 1873 Bischof der altkatholischen Kirche.

Wilhelm Reinkens (1811–1889), seit seiner Priesterweihe 1833 als Seelsorger in Bonn tätig.

SEIT 1873 IST BONN SITZ DES ALTKATHOLISCHEN BISCHOFS für Deutschland. Die heute etwa 30000 Mitglieder zählende Gemeinschaft in der Bundesrepublik entstand als Folge innerkirchlicher Auseinandersetzungen um die Lehre von der Unfehlbarkeit des Papstes. Zum Ende des 1. Vatikanischen Konzils am 18. Juli 1870 wurde trotz zahlreicher Vorbehalte, die gerade auch aus deutschen Bistümern laut geworden waren, die lehramtliche Unfehlbarkeit des Papstes in Sachen des Glaubens und der Moral zum Dogma erklärt.

Bonn, in erster Linie die katholisch-theologische Fakultät der Universität, entwickelte sich rasch zu einem Zentrum der Opposition; monatelang war der Konflikt in Bonn und auch anderswo Tagesgespräch. Vor allem unter dem „gebildeten Theil der katholischen Bevölkerung", wie der Kölner Regierungspräsident sich ausdrückte, entstanden heftige Kontroversen. Die Mehrheit der Katholiken, auch der skeptischen, beugte sich dem Konzilsbeschluß, die übrigen traten der altkatholischen Kirche bei, die trotz der Warnung, „nicht Altar gegen Altar zu stellen", von unbeirrbaren Unfehlbarkeitsgegnern gegründet worden war.

Ihr erster Bischof war der Breslauer Theologieprofessor Josef Hubert Reinkens. Zu seinem Amtssitz wählte er Bonn. Der Zufall wollte, daß Reinkens' älterer Bruder Wilhelm seit vielen Jahren Pfarrer an St. Remigius in Bonn war. Von den beiden geistlichen Brüdern ist ein intensiver Briefwechsel überliefert, der die Dramatik jener Ereignisse und die Gewissensnot des einzelnen wie die Sorge um die Folgen für die Gesamtkirche deutlich werden läßt.

Nach anfänglichen Erfolgen stagnierte die altkatholische Bewegung. Die ihr durch den preußischen Staat zuteil gewordene Unterstützung – in Bonn wurde den Altkatholiken beispielsweise die frühere Jesuitenkirche zur Verfügung gestellt – war Teil des von Reichskanzler Bismarck inszenierten Kulturkampfes.

1. Jahrgang. Bonn, Montag den 1. Januar. Nr. 1.

Deutsche Reichs-Zeitung.

Organ für das katholische deutsche Volk.

Abonnement: Vierteljährlich pränum. für Bonn (einschließlich 10 Sgr. Stempel und 3 Sgr. für den Träger) 1 Thlr. 6 Sgr.; bei den deutschen Postämtern und für Luxemburg 1 Thlr. 7 Sgr. 6 Pf.

Die Deutsche Reichs-Zeitung erscheint täglich, an den Wochentagen Abends, an Sonn- und Festtagen Morgens. Insertionsgebühren für die Petitzeile oder deren Raum 1 Sgr.

Bestellungen auf das mit dem 1. Januar 1872 beginnende erste Quartal der Deutschen Reichs-Zeitung beliebe man baldigst in Bonn in der Expedition Sürst Nr. 5, auswärts bei den nächsten Postanstalten zu machen, um einer prompten Zusendung sicher zu sein. Für Köln nimmt auch Herr L. Lülsdorf, Altenmarkt Nr. 30, Bestellungen entgegen.

Neben der älteren, liberalen ›Bonner Zeitung‹ erschien seit dem 1. Januar 1872 mit der ›Deutschen Reichszeitung‹ in Bonn eine zweite vielbeachtete, kämpferisch-katholische Tageszeitung; ein Produkt des Kulturkampfes.

DER KULTURKAMPF DER SIEBZIGER UND ACHTZIGER JAHRE des 19. Jahrhunderts erschütterte nachhaltig das Verhältnis zwischen dem preußischen Staat und der katholischen Kirche. Mit einer Reihe von Ausnahmegesetzen, die unter anderem zur Auflösung von Ordensniederlassungen, zur Ausweisung von Geistlichen und vielerorts zu regelrechten Engpässen in der Seelsorge führten, versuchte Bismarck und eine ihm ergebene Parlamentsmehrheit den politischen Arm des Katholizismus entscheidend zu schwächen. Diese schließlich gescheiterte Politik des Reichskanzlers sorgte jahrelang für Zündstoff in den politischen Auseinandersetzungen und war ein Garant für die Wahlerfolge der Zentrumspartei.

Auch in Bonn wurde mit aller Heftigkeit gerungen. Man hob Klöster auf, und die Seelsorge wurde beeinträchtigt. Spektakulär gestaltete sich dann allerdings die Nichtbestätigung des katholischen, bereits seit 1851 amtierenden Oberbürgermeisters Leopold Kaufmann. 1875, auf dem Höhepunkt des Kulturkampfes, war seine Wiederwahl durch den mehrheitlich liberalen Stadtrat fällig geworden. Sie erfolgte einstimmig, doch blieb dem verdienten und stets loyalen Stadtoberhaupt die notwendige königliche Bestätigung versagt: Seine skeptische Haltung gegenüber den Kulturkampfgesetzen war ihm zum Verhängnis geworden. Als Mitglied der Zentrumsfraktion im Preußischen Abgeordnetenhaus diente er anschließend bis 1887 der Sache des politischen Katholizismus.

Die weit beachtete Affäre machte auch in nicht-katholischen Regionen die Tragweite dieses innenpolitischen Konflikts deutlich. Zwar verschwanden bis 1888 die meisten der Kulturkampfgesetze, der bittere Nachgeschmack dieser Auseinandersetzung belastete aber noch lange die deutsche Innenpolitik.

Leopold Kaufmann (1821–1898), Jurist, Katholik, mit 30 Jahren Bürgermeister, dann Oberbürgermeister seiner Heimatstadt.

Die Pfarrkirche St. Elisabeth in der vornehmen Bonner Südstadt wurde zwischen 1906 und 1910 nach den Entwürfen des Mainzer Dombaumeisters Ludwig Becker errichtet. Das neuromanische Gotteshaus war die letzte vor dem Ersten Weltkrieg in Bonn errichtete katholische Kirche.

Die evangelische Kreuzkirche am Kaiserplatz, erbaut 1866–1871, präsentiert sich heute weit nüchterner als zur Zeit der Erbauung. In den 30er Jahren mußten aus konservatorischen Gründen die Zierelemente des neugotischen Baus entfernt werden.

EINE FÜLLE NEUGOTISCHER UND NEUROMANISCHER KIRCHENBAUTEN ziert bis heute das Bonner Stadtbild. Sie stammen fast alle aus der Zeit des Kaiserreiches und sind Ausdruck einer erstarkten Wirtschaftskraft und des Bevölkerungswachstums dieser Epoche. Den Reigen eröffnete die evangelische Kreuzkirche am Kaiserplatz. Die ursprünglich recht kleine evangelische Gemeinde war rasch gewachsen und der Bau eines größeren Gotteshauses bald unumgänglich geworden. Nachdem erste Pläne, die neue Kirche vor dem Koblenzer Tor zu errichten, glücklicherweise wieder verworfen wurden, fand schließlich am 18. Dezember 1871 nach fünfjähriger Bauzeit die feierliche Einweihung der Kreuzkirche statt.

Weit zahlreicher waren die katholischen Kirchenbauten in der immer noch überwiegend (zu 80%) katholischen Stadt. Hier kam es zu einem regelrechten Bauboom, der auch die Bonner Umgebung erreichte. Allerdings verzögerte das spannungsreiche Verhältnis zwischen Staat und Kirche im Kulturkampf die Bautätigkeit auf katholischer Seite; erst 1886 war mit der sogenannten Stiftskirche, der Pfarrkirche St. Johann Baptist und Petrus im Bonner Norden, das erste dieser neuen Gotteshäuser fertiggestellt.

DIE JÜDISCHE GEMEINDE BONNS besitzt eine lange Tradition. Sie läßt sich bereits für die Zeit um 1100 nachweisen. Verhängnisvolle Legenden, die den Juden immer wieder Ritualmorde, Brunnenvergiftungen und Hostienschändungen zur Last legten, führten mehrfach zu blutigen Verfolgungen.

Am Ende des Mittelalters begann sich ihre Lage zu bessern. Die Landesherren unterstellten die Juden ihrem Schutz, zumal die Fürsten in ihrer chronischen Finanznot allzu häufig auf die Kredite jüdischer Hoffaktoren und Bankiers angewiesen waren. Üblicherweise lebten die Juden einer Stadt in einer bestimmten Straße, die mit Toren versehen war, welche nachts verschlossen wurden. In Bonn ließ Kurfürst Josef Clemens noch 1715 nahe des Rheins eine neue Judengasse errichten. Mit der Französischen Revolution begann die politische Emanzipation der Juden, die 1869 mit der völligen rechtlichen Gleichstellung ihren formalen Abschluß fand. Immerhin 1200 Mitglieder zählte die Gemeinde am Vorabend des Ersten Weltkriegs.

Die 1879 fertiggestellte Synagoge am Rhein nördlich der späteren Bonn-Beueler Brücke spiegelt das neue Selbstbewußtsein der Bonner jüdischen Gemeinde. Kleinere jüdische Gemeinden mit eigenen Gotteshäusern bestanden auch in Poppelsdorf, Beuel und Godesberg sowie in Mehlem.

WOHLFAHRTSPFLEGE, FÜRSORGE UND SOZIALARBEIT, wie es heute heißt, lagen jahrhundertelang in privater Hand. Kindergärten, Krankenhäuser und Heime standen in Bonn im allgemeinen unter kirchlicher Leitung. Noch die erste „moderne“ Klinik der Stadt, das *Bürgerhospital zum hl. Johannes dem Täufer,* das heutige Johanneshospital, wurde nach heftigen Kontroversen von privater Seite mit Unterstützung der katholischen Kirche in den Jahren 1846 bis 1849 errichtet. Zunehmend übernahm dann seit der Jahrhundertmitte die öffentliche Hand Aufgaben im sozial-karitativen Bereich. An erster Stelle zu nennen wäre hier die 1882 eröffnete *Provinzial-, Irren-, Heil- und Pflegeanstalt* am Kaiser-Karl-Ring. Aus historischer Sicht erwarb sich damit die Rheinprovinz als Träger der „Anstalt“ große Verdienste; erstmals wurden die Kranken nicht mehr nur „verwahrt“, sondern es wurde eine Heilung der Patienten angestrebt. Auch auf kommunaler Ebene begann man sich um die sozial Schwachen zu bemühen. Beratungsstellen unterschiedlichster Art wurden ebenso eingerichtet wie Lebensmittelausgabestellen für Bedürftige. 1890 wurde städtischerseits, bezeichnenderweise aus Anlaß der goldenen Hochzeit des Kaiserpaares, ein „Männer-Asyl“, das Wilhelm-Augusta-Stift, eröffnet.

1906 wurde eine städtische Mütterberatungsstelle eingerichtet.

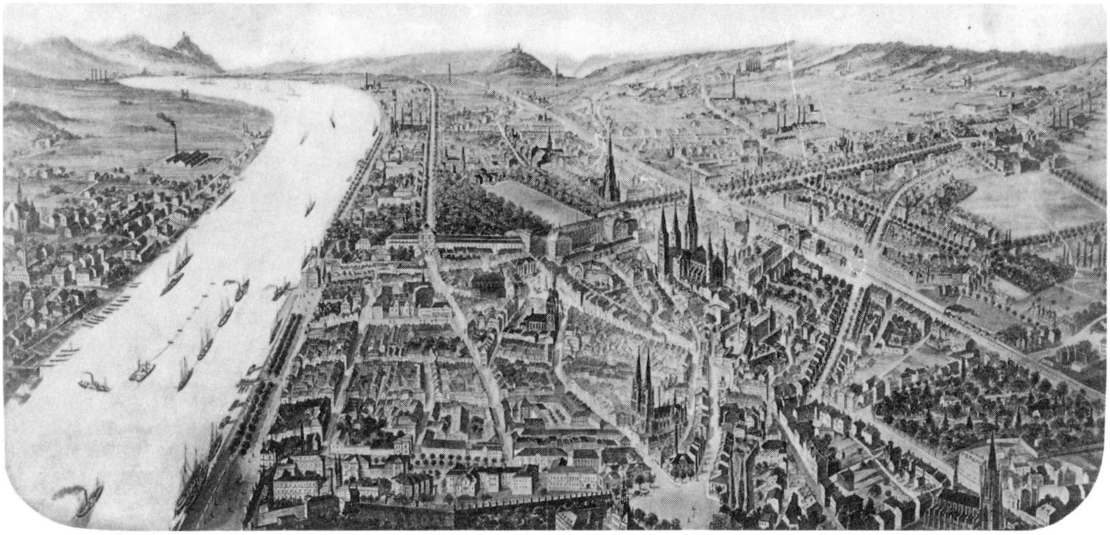

Bonn in der Vogelschau von Norden im Jahre 1888. Bemerkenswert sind die weiten, noch unbebauten Flächen zwischen den einzelnen Vororten und die wenigen an der Peripherie gelegenen Industriebetriebe.

Der vielzitierte Übergang von der Hoheits- zur Leistungsverwaltung läßt sich auch für Bonn am Ende des 19. Jahrhunderts beobachten. Die Zahl der bei der Stadt Beschäftigten stieg in dem Maße, wie die Verwaltung Aufgaben an sich zog. Erwähnt seien hier nur die Anlage der Kanalisation und die Übernahme der Gas-, Wasser- und Stromversorgung. Der Modernisierung der Innenstadt, vor allem der Verbesserung des Straßennetzes fielen dabei schon damals historische Gebäude zum Opfer. Neben der öffentlichen Bautätigkeit – Universitätsinstitute, Kliniken, Schulen, Kasernen – entstand auch eine Vielzahl privater Wohngebäude. Die Bevölkerung stieg ständig (1816: ca. 10000, um 1900 ca. 50000 Einwohner) und mit ihr das Bedürfnis nach Wohnraum. Die Niederlegung der letzten Befestigungsreste schuf neue Baugrundstücke, wobei im Norden der Stadt vorwiegend einfache Mietshäuser errichtet wurden, während die Bonner Südstadt als geschlossenes Wohnviertel der gehobenen Schicht vorbehalten blieb.

Das Stadtbild ist immer noch geprägt von den großen Kirchen, dem Münster im Zentrum, der evangelischen Kreuzkirche im Süden und der Stiftskirche im mittleren Vordergrund. Die Eisenbahn und die Koblenzer Straße, die heutige Bundesstraße 9, bilden die Achsen in Nord-Süd-Richtung, das Poppelsdorfer Schloß im Westen und die frühere Residenz mit der sie verbindenden Poppelsdorfer Allee die West-Ost-Achse.

Der in den Jahren 1858–1860 errichtete Mehrflügelbau kam 1898 in den Besitz der Fürsten zu Schaumburg-Lippe, die das später nach ihnen benannte Palais großzügig umbauten. 1949 bezog Konrad Adenauer das Palais. Es blieb Amtssitz des Bundeskanzlers bis 1976.

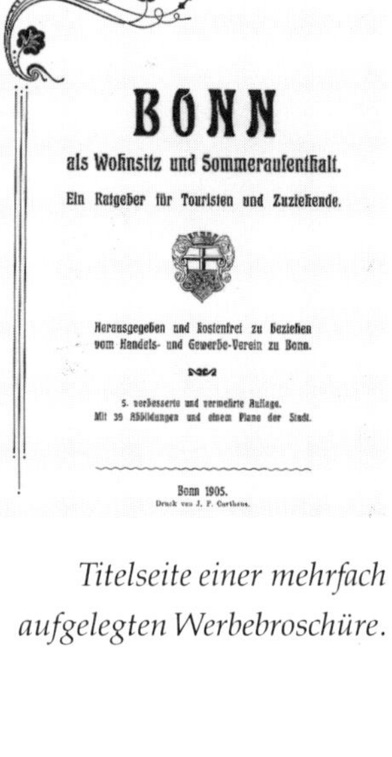

BONN
als Wohnsitz und Sommeraufenthalt.
Ein Ratgeber für Touristen und Zuziehende.

Herausgegeben und kostenfrei zu beziehen vom Handels- und Gewerbe-Verein zu Bonn.

5. verbesserte und vermehrte Auflage.
Mit 39 Abbildungen und einem Plane der Stadt.

Bonn 1905.
Druck von J. F. Carthaus.

Titelseite einer mehrfach aufgelegten Werbebroschüre.

Bonns Ruf als vornehme Wohnstadt und reizvolles Reiseziel nahm bis zum Ende des Kaiserreiches noch zu. Vor allem waren es die Rentiers, welche Eigentum in Bonn erwarben und sich hier niederließen. Neben prachtvollen Einzelvillen, die freilich nicht immer die Ausmaße des Palais der Fürsten von Schaumburg-Lippe erreichten, entstanden Straßenzüge, ja ganze Stadtviertel, die bis heute für Bonn charakteristisch geblieben sind: die Poppelsdorfer Allee und vor allem die Südstadt, die als das besterhaltene bürgerliche Wohnquartier des späten 19. Jahrhunderts in Deutschland gilt.

Der Bedarf an Konsumgütern war beachtlich; die Geschäftswelt freute sich und die Stadtkasse füllte sich, zumal Ausgaben im sozialen Bereich vergleichsweise niedrig bleiben konnten. Bonn zählte zu den wohlhabendsten Städten in Deutschland und die Stadtväter pflegten dieses Image. Unterstützt wurden sie bei diesen Bemühungen vom *Handels- und Gewerbeverein.* In einer mehrfach aufgelegten Broschüre heißt es: „Durch die Universität und der damit in Verbindung stehenden landwirthschaftlichen Akademie sowie des Ober-Bergamtes und als Vorort vieler wissenschaftlicher und gemeinnütziger Vereinigungen, ist Bonn zu hoher Güte gelangt und der Sammelpunkt vieler Fremden geworden. Die herrliche Lage an dem majestätischen, sagenumwobenen Strome, dicht am Eingangsthore zu dem ruinengekrönten Siebengebirge, mit herrlichen Alleen, schönen Straßen, gebildet von vornehmen, stattlichen Gebäuden, meist mit Vorgärten, reizenden Villen mit üppigen Gärten und – last but not least – der Nimbus großer Männer, wie eines Beethoven, Arndt, Simrock, Schumann, Niebuhr, Schlegel, Lenné, Argelander u. a. machen die Stadt zum Reise- und Ruhepunkt tausender von Fremden und besonders die erfahrenen Rheinpilger und ernsteren Leute sind es, welche gern auf die Dauer ihr neues Heim hier gründen: Dichter, Maler, Naturfreunde, Gelehrte und von Ausländern vor allem die Söhne und Töchter Albions" (1891).

Die Simrockstraße und die Kaiserstraße auf Postkarten der Jahrhundertwende. Die Bonner Südstadt mit ihren eindrucksvollen Häuserzeilen wird immer mehr zum Büro-, Geschäfts- und Verwaltungsviertel. Der Abriß alter Bausubstanz zugunsten größerer Neubauten blieb jedoch die Ausnahme.

Die ›Casselsruhe‹ auf dem Venusberg zählte mit ihrem einmaligen Blick auf das Siebengebirge zu den begehrtesten Ausflugszielen.

Dem hohen Freizeitwert der Stadt und ihrer Umgebung verdankte Bonn einen beträchtlichen Teil seiner Attraktivität. Die „Umweltbelastung“, eine Wortprägung späterer Zeit, war damals ausgesprochen gering. Mit Erfolg hatten sich die Bonner Stadtväter bemüht, lediglich *geruchs- und lärmfreie* Industriebetriebe in der Stadt anzusiedeln. Ausgedehnte Alleen, Garten- und Parkanlagen luden ein zum Spaziergang; gepflegte Gartenrestaurants zogen die Sommerfrischler an. Eine unüberschaubare Zahl von Vereinen, angefangen bei den vornehmen Gesellschaften bis hin zu den immer zahlreicher werdenden Sportvereinen sorgte für Kurzweil und Unterhaltung für alle nur denkbaren Bedürfnisse. Das Musik- und Theaterleben war geschätzt; die Universität und überregional beachtete Museen, wie das 1890 eröffnete Provinzialmuseum (das heutige Rheinische Landesmuseum), waren Ausdruck des Bildungsbedürfnisses der *besseren Kreise.*

Postkarte um 1900.

Eine lange Tradition besaßen die Volksfeste; älter noch als der Karneval war *Pützchens Markt,* bis heute einer der größten Jahrmärkte am Rhein. Entstanden im Zusammenhang mit der Adelheidis-Wallfahrt, hatte man schon 1830 mehr als 50000 Besucher auf der Festwiese gezählt, ziemlich genau das Vierfache der damaligen Bonner Bevölkerung.

Der Kaiserpark auf dem Venusberg.

Die Lithographie von Aimé Henry um 1870 zeigt den Aufbruch Godesbergs zum vornehmen Kurort und Rentnerdomizil.

WENNGLEICH IN GODESBERG AUCH NACH DER JAHRHUNDERTWENDE idyllische, an die dörfliche Vergangenheit erinnernde Flecken erhalten blieben, so war der Gesamtcharakter der Gemeinde doch ein ganz anderer geworden. Die kurze Glanzzeit der ausgehenden kurfürstlichen Epoche kehrte nach der Jahrhundertmitte in bürgerlicher Spielart wieder. 1855 wurden Godesberg und Mehlem Bahnstation. Die reizvolle Lage am Fuße der romantischen Burgruine und vor der Kulisse des sagenreichen Siebengebirges sowie die günstigen Steuerverhältnisse brachten wohlhabende Kaufleute und Industrielle in die spätere Badestadt. Mit „Pensionopolis“ erhielt Godesberg einen etwas spöttischen, aber doch zutreffenden Beinamen. Unter Bürgermeister Anton Dengler (1888–1914) wurden dann die Weichen für die weitere Entwicklung gestellt, in deren Folge die Rheinuferpromenade, großzügige Garten- und Parkanlagen sowie ausgedehnte alleeartige Straßenzüge angelegt wurden. Neben vorwiegend am Ortsrand auf der Höhe errichteten luxuriösen Einzelbauten entstand zwischen Alt-Godesberg und dem Rhein, zwischen Rüngsdorf und Plittersdorf ein regelrechtes Villenviertel. 1899 wurden diese drei Orte zusammengefaßt. 1904 wurde Friesdorf, 1915 das pittoreske Muffendorf mit seinen zahlreichen Fachwerkbauten, seinem mittelalterlichen Kirchlein und der historischen Deutschordenskommende eingemeindet. 1935 kamen noch Lannesdorf und Mehlem hinzu. Auch der Kurbetrieb lebte wieder auf, vor allem nachdem 1902 Heilbrunnen und Mineralbad in den Besitz der Gemeinde gelangt und modernisiert worden waren. Kurbetriebe, Kliniken und Sanatorien brachten Reisende und Kurgäste in großer Zahl nach Godesberg, das sich schon „Bad“ nannte, lange bevor es 1926 offiziell diesen Titel erwarb.

Landwirtschaft im Herzen Godesbergs am Ende des 19. Jahrhunderts.

Inserat aus dem Bonner ›General-Anzeiger‹ vom 26. 6. 1904.

Etikett einer Godesberger Mineralwasserflasche, um 1880.

Die Brunnenallee mit dem 1873 fertiggestellten Brunnenhaus.

Der Höhepunkt des Steinbruchbetriebes in Oberkassel lag in den Jahren vor und nach der Jahrhundertwende. Nach dem Zweiten Weltkrieg wurde die Produktion stillgelegt. 1914 wurde hier mit den Skeletten eines Mannes, einer Frau und eines Haushundes aus der Cromagnon-Zeit ein bedeutender frühgeschichtlicher Fund gemacht.

GANZ ANDERS ALS IN GODESBERG gestaltete sich die Entwicklung des Beueler Raumes. Aus den industriellen Anfängen der ersten Jahrhunderthälfte wurde ein Fabrikstandort von überlokaler Bedeutung. Gerade in den Jahren der sogenannten Gründerzeit waren zahlreiche Firmen in Beuel ansässig geworden. Ausschlaggebend war die günstige Verkehrslage am Rhein gegenüber von Bonn, wo man bekanntlich die Ansiedlung größerer Betriebe nur ungern sah, und die neuen Bahnanschlüsse. Mit der Zahl der Arbeitsplätze – die Jutespinnerei war mit ihren bis zu 1200 Beschäftigten der größte Arbeitgeber – stieg natürlich die Zahl der Einwohner in der Samtgemeinde Vilich von etwa 6000 im Jahre 1870 auf mehr als das Doppelte um die Jahrhundertwende. Ebenso unterschiedlich wie die wirtschaftliche Struktur der beiden Orte links und rechts des Rheins war auch ihre soziale Struktur.

Auch im südlich angrenzenden Oberkassel, das noch lange Zeit agrarisch blieb, hielt die Industrie mit der Zementfabrik um die Jahrhundertmitte ihren Einzug. Bis zu 500 Personen waren hier zeitweise beschäftigt. Bis ins 18. Jahrhundert reichen die Anfänge der Oberkasseler Steinbrüche zurück. 1910 wurden mehr als 150000 Tonnen Steine von Oberkassel aus verschifft. In dem Maße, wie die gewerbliche Nutzung der Steinbrüche im Laufe des 19. Jahrhunderts zunahm, ging der Weinbau zurück.

Ein Gewerbezweig eigener Art waren die Wäscherinnen. Über genaue Zahlen verfügen wir nicht, doch bezogen vermutlich viele Beueler Familien bis in unser Jahrhundert hinein ihren Lebensunterhalt aus dieser

Beueler Wäschereibetrieb, um 1900

Tätigkeit. Die zahlreichen wohlhabenden Rentner der Stadt und die großen Hotels bis nach Köln ließen in Beuel ihre Wäsche waschen, plätten und bügeln; das Holen und Bringen der Wäsche wurde meist von den Männern besorgt. Dieser für Beuel wichtige Erwerbszweig entstand am Anfang des 19. Jahrhunderts aus einer wirtschaftlichen Notlage. Die Erinnerung an die mühevolle Arbeit der Beueler Wäscherinnen wird im Beueler Karneval wachgehalten; „Wäscherinnen" haben während der „tollen Tage" das Sagen im rechtsrheinischen Bonn.

Von aktiver Gewerbeförderung durch die städtische Verwaltung konnte in Bonn keine Rede sein. Eher restriktiv war die Haltung gegenüber der Anlage neuer oder der Ausdehnung bereits vorhandener Betriebe. Dennoch nahm auch in der Universitäts- und Rentnerstadt die Zahl der Fabriken zu. Der Anteil der Arbeiter an der Gesamtbevölkerung erhöhte sich von knapp 3% im Jahre 1875 auf nahezu das Dreifache bis zum Beginn des Weltkrieges. Die Hälfte der etwa 8000 im Jahre 1913 in der Industrie Beschäftigten waren Mitarbeiter der drei größten Bonner Industrieunternehmen, der Schreibwarenfabrik Soennecken und der Steingutfabriken Mehlem und Wessel.

Die Eisengießerei Mönkenmöller um 1900. Das metallverarbeitende Gewerbe spielte im ohnehin industriearmen Bonn eine nur untergeordnete Rolle.

Die von Bruno Möhring (1836–1929) entworfene Bonn-Beueler Rheinbrücke, die im März 1945 von zurückweichenden deutschen Truppen gesprengt wurde.

Am 17. Dezember 1898 wurde nach dreijähriger Bauzeit die Rheinbrücke feierlich eröffnet. Sieht man von dem Brückenschlag des Drusus ab, so war dies die erste feste Verbindung zwischen Bonn und dem rechtsrheinischen Ufer.

Jahrhundertelang hatten Fähren den Rheinübergang gewährleistet, jedenfalls solange weder Hochwasser noch Eisgang oder sonstige Unbill den Fährbetrieb lahmlegten. Der wachsende Verkehr ließ schließlich die Pläne zum Bau einer festen Rheinbrücke reifen, obgleich sich weder das Reich noch der preußische Staat an den immensen Kosten beteiligen wollte. Auch Beuel, das ja doch erheblich von dem Brückenbau profitieren sollte, lehnte eine finanzielle Beteiligung ab, so daß die Stadt Bonn die Baukosten von 4 Millionen Mark alleine tragen mußte. Zur teilweisen Deckung der Summe wurde von jedem Passanten ein Brückengeld erhoben, das seit 1927 zum Teil, 1938 dann ganz entfiel.

Zwischen 1891 und 1909 wurden im Linksrheinischen zwei Pferdebahnlinien betrieben. Mit der Eröffnung der Rheinbrücke wurde auch der rechtsrheinische Raum in den Nahverkehr einbezogen.

MEHRFACH BEREITS HATTEN DIE AN BONN GRENZENDEN ORTSCHAFTEN sich um eine Eingemeindung in die seit 1887 kreisfreie Universitätsstadt bemüht. Die Gemeinden sahen sich auf Dauer außerstande, Maßnahmen wie Kanalisation und Straßenausbau allein zu finanzieren. Hatten sich zunächst die Bonner Stadtväter aufgrund der geringen Steuerkraft der Gemeinden gegen dieses Ansinnen gesträubt, widersetzte sich später der Landkreis Bonn, da er die zahlungskräftiger gewordenen Orte nicht verlieren wollte. Nach zähen Verhandlungen trat schließlich am 1. Juni 1904 ein Gesetz in Kraft, mit dem vier der in Frage kommenden Gemeinden mit Bonn zusammengeschlossen wurden. Endenich, Dottendorf, Kessenich und Poppelsdorf zählten zum Zeitpunkt der Eingemeindung zusammen rund 23000 Einwohner; sie waren trotz struktureller Unterschiede inzwischen längst zu Bonner Vororten geworden und auch in baulicher Hinsicht mit der Stadt zusammengewachsen. Vor allem Poppelsdorf, schon in kurfürstlicher Zeit mit Bonn eng verbunden, hing seit der Gründung der Universität und der Landwirtschaftlichen Akademie im besonderen von der Entwicklung der benachbarten Stadt ab.
Die Bürgermeisterei Poppelsdorf, zu der die eingemeindeten Orte schon seit Beginn der Franzosenzeit gehörten, wurde aufgelöst. Die übriggebliebenen Gemeinden Duisdorf, Ippendorf, Lengsdorf und Röttgen wurden zur neuen Bürgermeisterei Duisdorf zusammengefaßt.

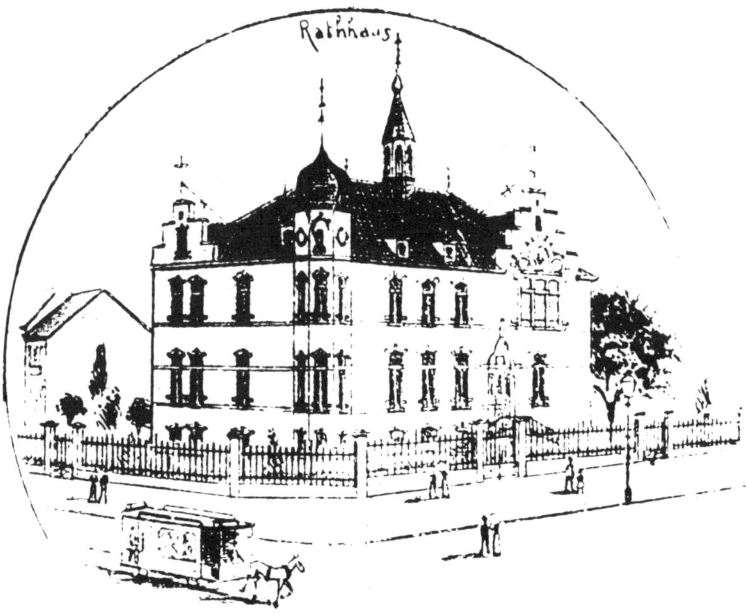

Das Rathaus Poppelsdorf. Ausschnitt aus einer Postkarte um 1900.

Der 1885 eingeweihte neue Bahnhof im Jahre 1908. Kutschen und Straßenbahn erwarteten die Reisenden. Die modernisierten Straßenbahnen fahren auch weiterhin, die Pferdedroschken sind hingegen durch Autodroschken abgelöst worden.

AM 1. MÄRZ 1883 WURDE DER GRUNDSTEIN für einen neuen Bahnhof gelegt, der zwei Jahre später eröffnet werden konnte. Der Bau, ein prächtiges Beispiel gründerzeitlicher Bahnhofsarchitektur, präsentiert sich dem Reisenden zum Jubiläumsjahr 1989 nach umfassenden Bau- und Renovierungsarbeiten im modernen Gewand. Den Anstoß für den Neubau hatte die 1880 fertiggestellte Bahnlinie nach Euskirchen gegeben. Eine rechtsrheinische Strecke mit dem Bahnhof Beuel war 1871 dem Verkehr übergeben worden und sollte der industriellen Entwicklung der Region weiteren Auftrieb geben. 1908 wurde der alte Godesberger Bahnhof durch einen Neubau ersetzt. Die große Bedeutung der Eisenbahn ist uns im Zeitalter des Individualverkehrs wohl weitgehend verlorengegangen.

Ein weiteres Kapitel der Bonner Verkehrsgeschichte begann mit den immer zahlreicher werdenden Fahrrädern, dem Aufkommen des Automobils und schließlich mit der Einführung des öffentlichen Nahverkehrs: 1891 wurde die Pferdebahnlinie nach Poppelsdorf in Betrieb genommen; weitere, später elektrifizierte innerstädtische Linien kamen hinzu. 1893 fuhr die erste Dampfstraßenbahn über Godesberg nach Mehlem. Die Vorgebirgsbahn (seit 1898) und die Rheinuferbahn (seit 1906), die „Elektrischen" nach Beuel (seit 1902), nach Siegburg (seit 1911) und nach Königswinter (seit 1913) vervollständigten das Netz.

DASS DIE MUSIK DEN BONNERN BESONDERS WICHTIG WAR und ist, geht sicherlich in einem beträchtlichen Maße auf den *genius loci* Ludwig van Beethoven zurück.
Zwar besaß die Stadt bereits seit 1859 einen fest angestellten Musikdirektor, doch wurde erst 1911 ein festes städtisches Orchester eingerichtet. Groß war zudem das Engagement auf privater Seite. Chöre, Gesangvereine, kleinere musizierende Zirkel, vor allem aber der 1889 gegründete *Verein Beethoven-Haus*, bereicherten das Bonner Musikleben in hervorragender Weise.

Das Städtische Orchester um 1912.

Auch das Theater wurde erst spät in städtische Regie übernommen; Pächter waren bis 1914 für die Spielleitung verantwortlich. Die Akzeptanz beim Publikum war unterschiedlich; beklagt wurde vor allem, daß das so beliebte Musiktheater aufgrund des fehlenden Orchesters zu kurz kam. Neben den Klassikern wurden auch junge lokale Autoren aufgeführt, wie Wilhelm Schmidt, der auch als Romancier Erfolg hatte. Sein berühmtestes Werk *Der dreieckige Marktplatz* hat stark autobiographische Züge und zeichnet das Bild der Stadt Bonn am Ende des 19. Jahrhunderts. Daß Schmidt sich Schmidtbonn nannte, beweist zudem seine Verbundenheit mit der Heimatstadt.
Gewiß geschieht niemandem Unrecht, wenn man August Macke, der als Vierjähriger 1901 mit seinen Eltern nach Bonn zog, als den bedeutendsten Maler dieser Stadt bezeichnet. Seine Schaffenszeit war nur kurz; als 27jähriger fiel er 1914 in Frankreich. Das Interesse an dem von ihm mitgeprägten Expressionismus ist ungebrochen. 1987 kamen mehr als 150000 Besucher zu einer August-Macke-Retrospektive ins Städtische Kunstmuseum Bonn.

Plakatentwurf August Mackes zur Ausstellung rheinischer Expressionisten 1913 in Bonn.

Kaiser Wilhelm II. und sein Sohn Kronprinz Wilhelm.
Postkarte aus dem Jahre 1902.

Das kaiserliche Palais an der Wörthstraße. Hier fanden auch meist die Vorlesungen für den Kronprinzen statt, der, wie es heißt, aufmerksam zuhörte, zu schriftlichen Arbeiten sich jedoch nicht entschließen konnte.

DIE „KAISERZEIT" ALS EPOCHENBEZEICHNUNG hat in Bonn eine doppelte Bedeutung. Zunächst gilt sie allgemein für den Zeitabschnitt zwischen 1871 und 1918, zwischen der Gründung des Zweiten Deutschen Kaiserreichs und der Abdankung Kaiser Wilhelms II. Dann aber besaß die Stadt das besondere Wohlwollen des hohenzollernschen Herrscherhauses. Schon in der ersten Jahrhunderthälfte galt die Rheinische-Friedrich-Wilhelms-Universität als „Prinzenuniversität", und sowohl der spätere Kaiser Wilhelm II. als auch vier seiner Söhne studierten in Bonn, gewiß nicht zum Schaden der Hochschule, deren Ansehen und Attraktivität sich auch in den steigenden Studentenzahlen niederschlug. Die feierliche Immatrikulation des Kronprinzen am 24. April 1901 im Beisein seines kaiserlichen Vaters „hatte geradezu den Charakter eines Staatsaktes", wie unlängst treffend formuliert wurde.
Angesichts dieser Verbundenheit des Kaiserhauses mit der Stadt Bonn – im Palais Schaumburg residierte zudem mit Prinzessin Viktoria von Schaumburg-Lippe eine Schwester Wilhelms II. – ist es nicht verwunderlich, daß der Kaiser mehrfach persönlich Anteil an den Geschicken der Stadt nahm.

ZWEI JUBILÄEN WAREN ES, DIE DAS KAISERPAAR im Juni 1902 bewogen, Bonn einen glanzvollen Besuch abzustatten. Neben dem 75. Stiftungsfest des studentischen *Corps Borussia,* dem sich die Hohenzollern während ihrer Bonner Studienzeit anzuschließen pflegten, galt es, den in der Stadt stationierten Königshusaren die Referenz zu erweisen. 50 Jahre zuvor waren sie als 7. Husaren-Regiment nach Bonn verlegt worden. Der spätere Kaiser Wilhelm I., Großvater Wilhelms II., war lange Zeit Chef dieser über die Grenzen der Stadt hinaus bekannten Eliteeinheit gewesen.

Seit 1883 besaß Bonn auch eine Infanteriegarnison, die 1897 die neuerrichtete Ermekeilkaserne in der Südstadt bezog. Die zum Teil noch aus kurkölnischer Zeit stammenden innerstädtischen Militärbauten, wie die Sterntor-Kaserne in der Nähe des heutigen Friedensplatzes, wurden zu Beginn dieses Jahrhunderts aufgegeben und an ihrer Stelle weitläufige Anlagen an der Graurheindorfer Straße errichtet, in die nach 1945 Bundesministerien ihren Einzug hielten.

Parade der Bonner Königshusaren im Hofgarten vor dem Kaiserpaar am 18. Juni 1902.

Die Bonner Beethovenhalle als Lazarett Weihnachten 1915.

GESTERN PARADE – MORGEN KRIEG. Auch die Bonner ließen sich zunächst von der Woge patriotischer Begeisterung mitreißen. Unter Jubel- und Hurra-Rufen wurden die ins Feld ausrückenden Soldaten verabschiedet. Kaum einer von denen, die mit Fähnchen und Blumen in jenen Sommertagen des Jahres 1914 die Bonner Straßen säumten, ahnte, welche Folgen der Krieg für Deutschland und Europa haben würde. Der anfängliche Enthusiasmus endete abrupt, als die erwarteten raschen militärischen Erfolge ausblieben. Verteuerungen und eine zunehmende Arbeitslosigkeit waren die ersten wirtschaftlichen Folgen des Krieges. Die Versorgung der Bevölkerung mit den knapper werdenden Lebensmitteln wurde von städtischen Ämtern übernommen. Rationierungen

Menschenschlangen vor den städtischen Lebensmittelausgabestellen auf dem Bonner Marktplatz.

Bonner Schuljugend beim Kartoffelschälen vor der Universität.

oder verordnete Fastentage waren die Folge. An die 70000 Verwundete wurden in den Kriegsjahren allein in Beuel und Bonn versorgt; neben den Krankenhäusern wurden fast alle öffentlichen Einrichtungen in Lazarette verwandelt. Mit zunehmender Kriegsdauer verschlechterte sich auch der Gesundheitszustand der nur mangelhaft ernährten Bevölkerung. Fast 300 Tote forderte allein eine Grippeepidemie im Herbst des letzten Kriegsjahres. Noch am 31. Oktober 1918 erlebte die schwergeprüfte Stadt ihren ersten Fliegerangriff; auch hier waren mehr als 30 Opfer zu beklagen. Um die Schreckensliste zu vervollständigen, sei hinzugefügt, daß fast 3000 Beueler, Bonner und Godesberger Soldaten auf den Kriegsschauplätzen fielen.

Deutsche Truppen auf dem Rückmarsch von der Westfront vor dem 1883 gegründeten ›Pädagogium‹ in Godesberg, einer höheren evangelischen Privatschule.

Handzettel zu einer Veranstaltung der NSDAP-Ortsgruppe Bonn.

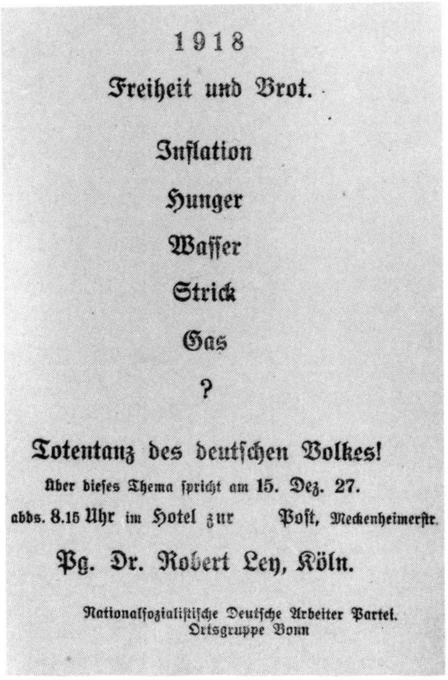

Krisen und Katastrophen

Bürger und Soldaten der Stadt Bonn.

Es hat sich aus Vertretern der Bürgerschaft und der Garnison ein

Arbeiter-, Bürger- und Soldatenrat

gebildet und dieser hat die Unterzeichneten zu seinen Vorsitzenden gewählt.

Alle öffentliche Gewalt ist damit in unsere Hände übergegangen. Jeder, auch die Behörden, haben sich den von uns erlassenen Anordnungen zu fügen.

Aufrechterhaltung der Ordnung ist unbedingte Pflicht jeden Einwohners.

Eigentumsvergehen, Raub und Plündern werden mit sofortiger Verhaftung und schweren Strafen geahndet.

In der Zeit von 9 Uhr abends bis 5 Uhr morgens dürfen weder Bürger noch Militärpersonen ohne besonderen Ausweis des Arbeiter-, Bürger- und Soldatenrats die Strasse betreten.

Für die Wahrung der öffentlichen Sicherheit ist ein besonderer Sicherheits-Ausschuss gebildet. Dieser wird noch nähere Anweisungen erlassen.

Sämtliche der Bonner Garnison angehörigen Militärpersonen haben sich sofort bei ihren Truppenteilen oder Lazaretten zu melden, um für den Sicherheitsdienst zur Verfügung zu stehen.

Diejenigen Militärpersonen, die hier nicht in Garnison stehen, haben sich bei unserm Transport-Ausschuss zu melden, der im Bahnhofsgebäude sein Geschäftszimmer hat.

Den mit Ausweis versehenen Organen des Sicherheitsdienstes ist unbedingt Folge zu leisten.

Unsere Geschäfträume befinden sich auf dem Rathause.

Bürger und Soldaten! Es wird erwartet, dass ihr den Geist der neuen Zeit versteht und uns zum Wohle der Stadt Bonn bei allen unseren Massnahmen aufs Tatkräftigste unterstützt.

BONN, den 9. November 1918. Der Arbeiter-, Bürger- und Soldatenrat der Stadt Bonn.
Kuhnert. Dr. Krantz. M. Schmitz.

Als am 8. Dezember 1918 die ersten alliierten Truppen die Stadt Bonn erreichten, hatte sich in Deutschland ein politischer Umbruch allergrößten Ausmaßes ereignet. Bereits einen Monat zuvor, am 9. November, hatte Kaiser Wilhelm II. abgedankt und der Sozialdemokrat Philipp Scheidemann in Berlin die Republik ausgerufen. Zwei Tage später wurde der Waffenstillstand unterzeichnet. Vielerorts bildeten sich revolutionäre Arbeiter- und Soldatenräte, in Bonn bezeichnenderweise ein Arbeiter-, Bürger- und Soldatenrat, dem es zusammen mit der

Britische Besatzungstruppen auf dem Kaiserplatz.

Verwaltung gelang, die vielfältigen Probleme während der folgenden ungewissen Monate zu meistern: Neben der auch nach Kriegsende anhaltenden katastrophalen Versorgungslage brachten Zehntausende durch Bonn und Godesberg ziehende deutsche Frontsoldaten die größten Schwierigkeiten. Jahrelang hatten sie unter allergrößten Entbehrungen für eine Heimat gekämpft, die sie nun im Stich zu lassen schien. Die Soldaten fühlten sich „im Felde unbesiegt", wie eine damals häufig verkündete Parole lautete, und von der eigenen Regierung verraten. Es entstand die „Dolchstoßlegende", die ein Wegbereiter des Nationalsozialismus werden sollte.

Im Februar 1920 wurden die britischen und kanadischen Besatzungstruppen abgelöst. Premierminister David Lloyd George hatte sie noch im Sommer 1919 persönlich in Bonn inspiziert. Französische Einheiten rückten nach und blieben bis zum Ende 1926 in der Stadt. Das zunächst recht gute Verhältnis zwischen Besatzung und Bevölkerung kühlte sich im Zusammenhang mit dem Ruhrkampf rasch ab, zumal auch die Bonner am 15. Januar 1923 mit einer Schweigeminute des passiven Widerstandes gegen die Besetzung des Ruhrgebietes durch französische und belgische Truppen gedachten.

Der Bonner Oberbürgermeister Dr. Johannes Falk (1923–1931) wurde im März 1923 zusammen mit fünf Beigeordneten und einer Reihe angesehener Bonner Bürger im Zusammenhang mit dem Ruhrkampf von den Franzosen verhaftet und ausgewiesen.

Inflationsbedingtes Notgeld aus Beuel. Humor wurde auch in diesen Zeiten bewahrt. Das Bild zeigt das ›Bröckemännche‹, das von den Bonnern 1898 an der neuen Rheinbrücke angebracht wurde und mit seinem Hinterteil nach Beuel zeigte. Die Bonner wollten damit dokumentieren, was sie von den Beuelern hielten, die sich geweigert hatten, sich an den Kosten für den Brückenbau zu beteiligen.

MEHR NOCH ALS DAS ÜBRIGE DEUTSCHLAND hatten Bonn und Godesberg unter den verheerenden wirtschaftlichen Folgen des Weltkrieges zu leiden. Durch die Steuerreform von 1920 verloren sie die hohen Erträge aus der Einkommensteuer, auf denen ihr Reichtum weitgehend gründete, und die den Kommunen verbleibende Grund- und Gewerbesteuer brachte in den industriearmen Regionen nur geringe Einnahmen.

Die Inflation, die ihren Höhepunkt im Sommer 1923 erreichte, verschlechterte die finanzielle Lage auf bedrohliche Weise. Die eigentliche Ursache der dramatischen Geldentwertung waren die vom Staat zu entrichtenden hohen Reparationsleistungen als Teil des Versailler Friedensvertrages, der von vielen als „Schandfrieden" bezeichnet wurde. Die wohlhabenden Rentiers, die die Wirtschaftskraft Bonns jahrelang gewährleistet hatten, verloren ihr Vermögen, einige fielen sogar der Fürsorge zur Last. Soziale und karitative Stiftungen standen nach Einführung der stabilen Reichsmark im November 1923 ebenfalls ohne Rücklagen da, so daß die ohnehin bereits überforderte öffentliche Hand auch hier helfend eingreifen mußte.

Mit der Einführung der neuen Währung besserte sich zunächst die Wirtschaftslage. In geringem Umfang konnten sogar neue Industriebetriebe angesiedelt werden. Die neue Handelswerft in Graurheindorf und der Bonner Großmarkt brachten zusätzliche Impulse. Dennoch sollten vor allem die Monate der Hochinflation gerade auch in psychologischer Hinsicht den Werdegang der ersten deutschen, der Weimarer Republik, belasten.

*D*IE POLITISCHE ZUKUNFT DES RHEINLANDES war ein beherrschendes Thema der Jahre zwischen den Weltkriegen. Nicht zum ersten Male in der Geschichte meldeten sich separatistische Kreise zu Wort, die die Abtretung des Rheinlandes von Preußen und die Gründung einer rheinischen Republik forderten. Auch in Bonn fanden sich Befürworter dieser Pläne, die von Frankreich unterstützt wurden in der Hoffnung, mit einem rheinischen Pufferstaat unter französischer Kontrolle dauerhaft am linken Rheinufer Fuß fassen zu können. Mit der Besetzung des Ruhrgebietes durch französische Truppen verloren die Separatisten entscheidend an Sympathie. Nunmehr in die Offensive gedrängt, riefen die Sonderbündler am 21. Oktober 1923 in Aachen die *Rheinische Republik* aus. Sie besetzten vielerorts nicht ohne Gewaltanwendung die Rathäuser und hißten ihre grün-weiß-rote Fahne. Mit französischer Hilfe konnten sich die Separatisten auch in Beuel, Bonn und Godesberg einige Wochen halten; der Einspruch der Engländer und Amerikaner sowie die widerstrebende Haltung der Mehrheit der Bevölkerung führten schließlich zum Scheitern dieses, das Rheinland noch zusätzlich belastenden Politabenteuers.

Daß sich die Rheinländer ohne Einschränkung als Teil des Deutschen Reiches verstanden, sollte die *Jahrtausendfeier* von 1925 zeigen. Ausstellungen, Musik-, Theater- und Sportveranstaltungen standen in Bonn im Mittelpunkt der Feierlichkeiten, die durch die Tatsache der französischen Rheinlandbesetzung eine gewisse Brisanz erhielten.

Anlaß für dieses Fest waren die fernen Ereignisse des Jahres 925, als Lothringen, das Gebiet zwischen Schelde, oberer Maas und Rhein an das ostfränkische, das Deutsche Reich, gelangten. Mit Pathos formuliert bedeutete dies den Eintritt des linken Rheinlandes in die deutsche Geschichte. Noch vier Jahre zuvor, 921, hatten sich die beiden Kontrahenten, der westfränkische König Karl der Einfältige und der ostfränkische König Heinrich I., bei Bonn in einem Boot mitten auf dem Rhein getroffen, um ein Friedensabkommen zu schließen. Der ungewöhnliche Ort des Zusammentreffens ersparte es beiden Herrschern, das Gebiet des Konkurrenten zu betreten.

Nach den bis zur Stunde (1 Uhr, 23. Oktober 1923) vorliegenden Telegrammen wurde die

Rheinische Republik

proklamiert in:

Belgische Zone:

Aachen, Erkelenz, Eschweiler, München-Gladbach, Montjoie, Stolberg, Rheydt, Viersen.

Französische Zone:

Bad Ems, Berncastel, Bitburg, Bonn, Daun, Dietz, Düren, Groß-Gera[illegible] [illegible] [illegible]

Mainz (Lage noch nicht völlig abgeklärt), Mayen, Prüm, Rüsselsheim, Saarburg, Schwanheim, Sindlingen, Trier, Wiesbaden, Zeilsheim.

Flugblatt der Separatisten.

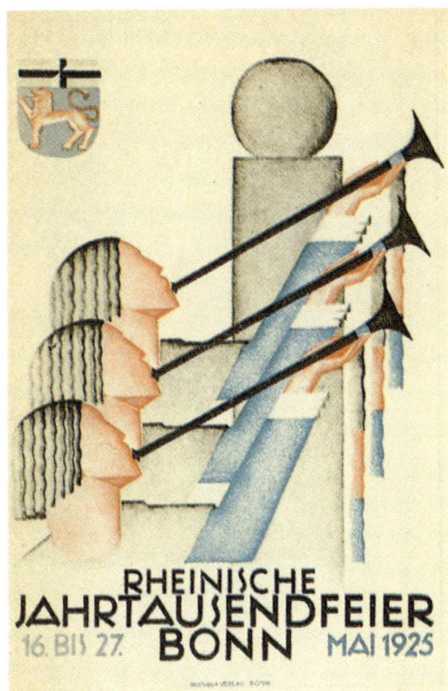

Zeitgenössische Postkarte nach dem von Leo Breuer gestalteten Plakat zur Jahrtausendfeier von 1925.

In der kurzen Zeit zwischen Inflation und beginnender Weltwirtschaftskrise normalisierte sich das wirtschaftliche und politische Leben. Die Verantwortlichen in Stadt und Gemeinde sahen sich sogar in der Lage, Projekte zu entwickeln und durchzuführen.
Dem Wohnungsbau galt eine der Prioritäten. Das Verkehrswesen wurde modernisiert, und als am 6. August 1932 zwischen Köln und Bonn die erste europäische Autobahn eingeweiht wurde, füllte dieses Ereignis die Schlagzeilen. Am Bottlerplatz, benannt nach dem Oberbürgermeister Fritz Bottler (1920–1922), entstand das (alte) Stadthaus. Einst als Bürohaus für die französische Besatzung geplant, zogen hier nun die bis dahin über das gesamte Stadtgebiet verstreuten städtischen Dienststellen ein. Neue Sportstätten wurden angelegt, und die Universität, die nach 1918 einen außerordentlichen Andrang verzeichnen konnte, ausgebaut. Zwischen 1926 und 1930 erhielt die Hochschule im wesentlichen wieder die bauliche Gestalt, die sie vor dem großen Brand von 1777 besessen hatte. 1933 schließlich wurde der Neubau der 1926 gegründeten Pädagogischen Akademie fertiggestellt. Wer hätte damals vermutet, daß diese Gebäude einmal den Kern des Bundeshauses bilden sollten. Die führende politische Kraft in Bonn in der Zeit der Weimarer Republik war stets das Zentrum. Aus sämtlichen Wahlen ging der politische Katholizismus als Sieger hervor. Zweitstärkste Kraft bis 1929 war die Sozialdemokratie, ehe die Nationalsozialisten diese Rolle übernahmen.

Luftschiff Zeppelin über der Brückenstraße in den zwanziger Jahren

DER RECHTSRHEINISCHE RAUM war seit dem Bau der Rheinbrücke kurz vor der Jahrhundertwende immer mehr zu einem industriellen Vorort Bonns geworden. Östlich der Bahnlinie konnte sich das entstandene Gewerbegebiet noch ausdehnen; zum Rhein hin nahm der Ort zusehends städtische Züge an. Der baulichen Entwicklung entsprechend wurde bereits 1921 die Samtgemeinde Vilich in Beuel umbenannt.

Seit Jahrhunderten bedrohen die alljährlichen Rheinhochwasser die Ortschaften in Ufernähe. Vor allem Beuel ist trotz Deichbau noch heute bei jedem Hochwasser gefährdet. Das Bild zeigt die heutige Rheinaustraße am 1. Januar 1926: links das 1785 fertiggestellte Haus der Familie Mehlem, eines der wenigen Zeugnisse klassizistischen Wohnbaus in Bonn.

GODESBERG PROFITIERTE WEITERHIN VOM FREMDENVERKEHR. Die günstige Devisenlage zog vor allem viele Ausländer in den Kur- und Badeort. Die Verwaltung bemühte sich mit Erfolg, diesen Charakter noch zu fördern. Neue Grünanlagen entstanden, ein hauptamtlicher Kurdirektor wurde eingestellt und gegenüber dem Bahnhof ein Verkehrsamt eingerichtet. 1930 wurde der Ort Sitz des Rheinischen Verkehrsverbandes. Noch bevor Godesberg 1935 infolge zahlreicher Eingemeindungen Stadt wurde – auf Plittersdorf und Rüngsdorf 1899 folgten 1904 Friesdorf, 1915 Muffendorf und schließlich 1935 Lannesdorf und Mehlem – verlieh man dem Ort 1926 das Prädikat *Bad*. Durch den Erwerb der Redoute im Jahre 1920 besaß man zudem eine passende Stätte für Tagungen und Kongresse. Auch als „Schulstadt“ machte sich

Luftaufnahme von Bad Godesberg um 1925.

Godesberg einen Namen; mit dem schon 1883 gegründeten evangelischen *Pädagogium*, der 1896 von den Schwestern vom Armen Kinde Jesu eröffneten *Höheren Töchterschule* (heute *Clara-Fey-Gymnasium*) und dem *Aloisiuskolleg*, 1920 von Jesuiten übernommen, besaß Godesberg drei bedeutende private Unterrichtsanstalten von internationalem Rang.

Reichspräsident von Hindenburg bei der Kranzniederlegung vor dem 1906 am Kaiserplatz enthüllten Denkmal für Kaiser Wilhelm I. Schon die Zeitgenossen sahen hierin eine äußerst symbolträchtige Handlung.

GROSS WAR DIE BEGEISTERUNG, ALS AM 23. MÄRZ 1926 der im Jahr zuvor als Kandidat der Rechtsparteien zum Reichspräsidenten gewählte frühere Generalfeldmarschall von Hindenburg die Stadt Bonn besuchte. Die bei dieser Gelegenheit – zwei Monate nach Abzug der letzten Besatzungstruppen – gehaltenen Reden strotzten von nationalem Pathos.

Als tiefe Schmach empfanden weite Teile der Bevölkerung die Niederlage von 1918, das Ende der Monarchie und den „Schandfrieden" von Versailles. Die 1928 auch in Deutschland einsetzende konjunkturelle Abwärtsbewegung führte zu unzähligen Bankrotten und Betriebsstillegungen. Das Gespenst der Arbeitslosigkeit wurde übermächtig. Zu Beginn des Jahres 1933 war in Bonn jede vierte, in Beuel gar jede dritte Familie auf öffentliche Unterstützung angewiesen. Diese und andere Ursachen bewirkten eine zunehmende Radikalisierung des politischen Alltags. Auch in Bonn kam es zu blutigen Zusammenstößen, vor allem zwischen Kommunisten und Nationalsozialisten. Erstmals nahm die NSDAP bei den Kommunal- und Provinziallandtagswahlen vom Herbst 1929 an einer politischen Entscheidung teil und avancierte auf Anhieb hinter dem Zentrum zur zweitstärksten Partei in Bonn, eine Stellung, die die „Hitler-Partei" bis zum Schicksalsjahr 1933 behaupten sollte.

Der Nationalsozialismus
Deutschlands
Zukunft!
Öffentliche Versammlung
Am Freitag, den 5. Sept. 30. 8½ Uhr
spricht der Nationalsozialist
Graf Reventlow in der Beethovenhalle
Berlin, M. d. R. über Wahlen u. Aussenpolitik
Unkostenbeitrag 50 Pfg.
Kriegsverletzte und Erwerbslose die Hälfte
Juden haben keinen Zutritt!
im Vorverkauf 0.30
Nationalsozialistische
Deutsche Arbeiter-Partei
(Hitler-Bewegung)
Streiter-Verlag Fritz Tittmann, Treuenbrietzen (Mark) Plakat Nr. 34

Überschrift eines Artikels aus dem Bonner ›General-Anzeiger‹ vom 9. März 1933.

Schwarz-Weiß-Rot und Hakenkreuz auf dem Rathaus und Landratsamt

Als der greise Reichspräsident von Hindenburg am 30. Januar 1933 den Führer der Nationalsozialisten, Adolf Hitler, zum Reichskanzler ernannte, ahnten nur die wenigsten, daß damit das dunkelste Kapitel der deutschen Geschichte begonnen hatte. Die meisten hielten für undenkbar, was wenige befürchteten und prophezeiten. Eine starke Hand, die jederzeit von den bürgerlichen Kräften gezügelt und gezähmt werden könnte, erschien hingegen vielen als die Lösung der drängenden innen- und außenpolitischen Probleme jener Jahre.

Es begann der Weg zum totalitären Staat. Der Reichstag wurde aufgelöst, Grundrechte außer Kraft gesetzt, Oppositionelle in Schutzhaft genommen. In Bonn wurde die zentrumsnahe *Deutsche Reichszeitung* vorübergehend verboten und eine unbekannte Zahl von Sozialdemokraten und Kommunisten verhaftet. Die vorgezogenen Reichstagswahlen vom 5. März 1933 brachten den Nationalsozialisten nicht den erwarteten Erfolg. In Bonn konnte die NSDAP zwar ihre Stimmenzahl verdoppeln, doch blieb sie hinter dem Zentrum nur zweitstärkste Partei. Erst das „Ermächtigungsgesetz" vom 23. März, mit dem sich das Parlament selbst entmachtete und dem außer der SPD – die kommunistischen Abgeordneten saßen in Haft – alle Parteien zustimmten, schuf die Voraussetzung zur eigentlichen „Machtübernahme".

Inserat im ›Westdeutschen Beobachter‹ vom 3. März 1933.

Bonner aller Stände!

Heute nachmittag 5.30 Uhr

Propagandamarsch durch Bonn

unter Beteiligung einer Hundertschaft Schupomit Kapelle (NS-Beamten-Arbeitsgemeinschaft, Fachschaft Polizei).

Um 7 Uhr

Massenkundgebung auf dem Münsterplatz

Es spricht: Gaupropagandaleiter Toni Winkelnkemper, um 8 Uhr

Massenversammlung in der Beethovenhalle

mit Pg. Dr. Frank II, München. der Anwalt Adolf Hitlers!

Samstag, den 4. März, abends 7 Uhr, auf dem Münsterplatz: Standkonzert, um

8 Uhr spricht Adolf Hitler

zu den Massen durch Lautsprecherübertragung. 9.30 Uhr Fackelzug durch Bonn.

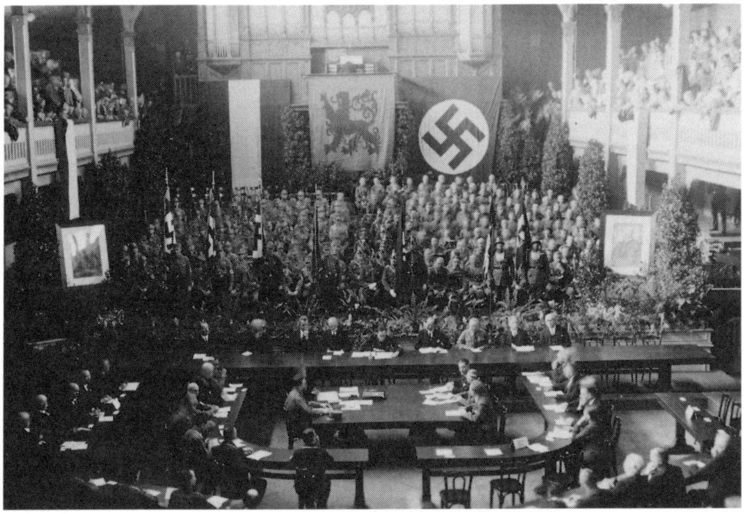

Die erste Sitzung der im März 1933 letztmalig gewählten Bonner Stadtverordnetenversammlung. Sie fand nicht im Ratssaal, sondern in der Beethovenhalle statt unter Beteiligung von SA- und Stahlhelm-Formationen. Für die nächsten zwölf Jahre sollten die braunen Uniformen zum Alltagsbild deutscher Städte gehören.

Die letzten, nur bedingt freien Kommunalwahlen vom 12. März 1933 brachten in Bonn und den umliegenden Gemeinden ähnliche Ergebnisse wie die in der Woche zuvor stattgefundenen Reichstagswahlen. Die Nationalsozialisten verbuchten starke Gewinne, doch blieb das Zentrum stärkste Partei. Bereits am folgenden Tag ersetzte Göring, kommissarischer preußischer Innenminister, die amtierenden Bürgermeister und Oberbürgermeister durch NS-Staatskommissare. Zusammen mit den abgelösten Stadt- und Gemeindeoberhäuptern mußten auch politisch nicht ins Konzept passende leitende Kommunalbeamte ihre Schreibtische zugunsten von Nationalsozialisten räumen.
Die NSDAP wurde Staatspartei, die übrigen politischen Gruppen verboten oder zur Selbstauflösung gedrängt. Während der Reichstag als Akklamationsgremium der Staatsführung ohne eigentliche Kompetenz noch bis 1942 gelegentlich zusammentrat, wurden die Kommunalparlamente per Gesetz im Dezember 1933 aufgelöst.
Die Entfernung Oppositioneller aus ihren Ämtern ging zügig und ohne größere Gegenwehr vonstatten. Die Terrormethoden der bereits im April 1933 eingerichteten Geheimen Staatspolizei, die Konzentrationslager und die NS-Kampftruppen, welche nahezu hilfspolizeiliche Vollmachten erhielten, behinderten weitgehend den ohnehin nur geringen Widerstand – in Bonn zählten zu den entschiedenen Gegnern der neuen Machthaber in erster Linie kirchliche und sozialistische Gruppen. Sondergerichte wurden für sogenannte politische Delikte eingesetzt; in dem für Bonn zuständigen Ausnahmetribunal Köln sind über 400 Bonner Bürger abgeurteilt wurden.

DIE „GLEICHSCHALTUNG“ SÄMTLICHER STAATLICHER, gesellschaftlicher und wirtschaftlicher Bereiche mit dem nach dem „Führer-Prinzip“ organisierten nationalsozialistischen Staat war das zentrale Prinzip der neuen Machthaber. Gewerkschaften, Jugend- und Wohlfahrtsverbände, um nur drei Beispiele zu nennen, wurden aufgelöst bzw. in NS-Organisationen übergeführt. Gleiches galt für private und konfessionelle Schulen. Auch die Kultur wurde weitgehend in den Dienst der nationalsozialistischen Ideologie gestellt, wie uns der Spielplan der Bonner Bühnen jener Jahre zeigt. „Gleichgeschaltet“ wurde auch die Bonner Universität, die bis Kriegsbeginn 33 Dozenten und Pro-

Festakt zur Hissung der Hakenkreuzfahne in der Rheinischen Friedrich-Wilhelms-Universität.

fessoren durch Entlassung oder vorzeitigen Ruhestand verlor. Die jüdischen oder „politisch unzuverlässigen“ Hochschullehrer wurden fast ausnahmslos durch regimetreue Wissenschaftler ersetzt. Schon am 10. Mai 1933 wurden unter großer Beteiligung der Studentenschaft auf dem Bonner Marktplatz „undeutsche“ Bücher verbrannt. Weltweites Aufsehen erregte dagegen drei Jahre später die Aberkennung der Ehrendoktorwürde des Nobelpreisträgers Thomas Mann durch die Bonner Universität. Wenngleich sich Theologen wie Karl Barth oder Wilhelm Neuß äußerst kritisch mit der nationalsozialistischen Weltanschauung auseinandersetzten und wenngleich sich um den Assistenten Walter Markov eine für die Region bedeutsame studentische Widerstandsgruppe bildete, galt für die Bonner Hochschule, was auch für die gesamte deutsche Bevölkerung zutraf:
Die Mehrheit bekannte sich zu Hitler oder schwieg.
Mehr als 100 NS-Dienststellen bestanden am Vorabend des Zweiten Weltkrieges im Gebiet der heutigen Stadt Bonn; die Diktatur war allgegenwärtig und umfaßte nahezu sämtliche Bereiche des privaten, gesellschaftlichen und öffentlichen Lebens.

DIE BESETZUNG DER AUFGRUND DES VERSAILLER-VERTRAGES entmilitarisierten Gebiete im Rheinland brachte Hitler weiteren Prestige-Gewinn im In- und Ausland. Teilweise enthusiastisch begrüßte die Bevölkerung die Truppen der Wehrmacht. Die Tatsache, daß dieser Vertragsbruch von den Alliierten geduldet wurde, bestärkte Hitler in seinen Kriegsplänen und -vorbereitungen. Die Phase der eigentlichen Hochrüstung begann. Bonn wurde wieder Garnisonsstadt. Neue Kasernen entstanden auf dem Venusberg und in Duisdorf.

Angehörige der Wehrmacht überschreiten von Beuel her die Bonner Rheinbrücke.
Hitler hatte für dieses gewagte Unternehmen nur wenige Bataillone ins Rheinland geschickt, die den Befehl hatten, bei alliiertem Widerstand gleich wieder umzukehren.
Sein riskanter Plan ging jedoch auf.

Die Remigiusstraße im Herzen der Stadt Bonn im Frühjahr 1935.

Die pseudowissenschaftliche Rassenlehre der Nationalsozialisten war einer der ideologischen Pfeiler des immer unmenschlichere Züge annehmenden Regimes. Es begann mit der Zwangssterilisation unzähliger wirklich oder vermeintlich Kranker. „Erbgesundheitsgerichte" entschieden über die menschenverachtenden Maßnahmen, von denen zunehmend auch Angehörige gesellschaftlicher Randgruppen – im Jargon der Zeit „Asoziale" genannt – betroffen wurden: Behinderte, Kriminelle, Homosexuelle, Sinti, Roma; die erschütternde Liste ließe sich fortsetzen.

›Der Stürmer‹, ein von Julius Streicher in Nürnberg herausgegebenes antisemitisches Blatt, war wohl die übelste unter den nationalsozialistischen Hetzschriften. Sie erschien wöchentlich und hatte 1935 eine Auflage von 500 000. Vielerorts wurde die jeweils aktuelle Ausgabe im sogenannten Stürmerkasten öffentlich ausgehängt; in Bonn fiel dieses Propagandainstrument besonders groß aus und stand an zentraler Stelle unmittelbar neben der Münsterkirche.

Aufnahme vom Frühjahr 1935

Auch in Bonn, Poppelsdorf, Beuel, Bad Godesberg und Mehlem brannten am 10. November 1938 die Synagogen.

Im Euthanasieprogramm, der systematischen Vernichtung der Abertausenden, die als „lebensunwertes Leben" definiert wurden, gipfelte seit Kriegsbeginn die unsägliche NS-Politik.

Mehr als alle anderen gesellschaftlichen Gruppen wurden die jüdischen Bürger Opfer des Terrorregimes. Der Antisemitismus war bekanntlich einer der Hauptpunkte des schon in Hitlers *Mein Kampf* niedergelegten Programms. Bereits im April 1933 kam es zum Boykott jüdischer Geschäfte. Es begann eine reichseinheitliche, stufenweise verlaufende Diskriminierung und Verfolgung der Juden in Deutschland. Mit den Nürnberger Gesetzen von 1935 wurde ihre eigentliche gesellschaftliche Isolierung herbeigeführt. Der Novemberpogrom von 1938 in seinen gewalttätigen Ausschreitungen bildete einen ersten Höhepunkt auf dem Weg zur systematischen Ermordung der Juden Europas, die auf der berüchtigten Wannsee-Konferenz vom Januar 1942 als „Endlösung der Judenfrage" beschlossen wurde.

Viele der etwa 1300 zu Beginn des Jahres 1933 im heutigen Bonn lebenden jüdischen Bürger hatten zu diesem Zeitpunkt bereits ihr Heimatland verlassen. Manch einer hatte den Freitod gewählt. Die noch im Bonner Raum lebenden Juden wurden im Sommer 1941 im Kloster *Zur Ewigen Anbetung* im Stadtteil Endenich zusammengezogen und im Sommer 1942 in die Vernichtungslager abtransportiert. Von den mehr als 400 dort unter unwürdigsten Bedingungen zusammengepferchten jüdischen Mitbürgern haben sieben den *Holocaust* überlebt.

Prof. Dr. Alfred Philippson (1864–1953), bedeutender Bonner Geograph. Als einer von wenigen jüdischen Bürgern Bonns überlebte er im Konzentrationslager Theresienstadt den ›Holocaust‹ und kehrte in seine Geburtsstadt Bonn zurück.

Das vornehme, in den Jahren vor der Jahrhundertwende im Bad Godesberger Ortsteil Rüngsdorf errichtete Rheinhotel Dreesen mit seiner hervorragenden Lage, gilt bis heute als eines der ersten Häuser Bonns.

IM SEPTEMBER 1938 STAND BAD GODESBERG im Mittelpunkt des politischen Interesses. Die Sudetenfrage hatte sich, von Hitler provoziert, zu einer europäischen Krise ausgeweitet. Der englische Premierminister Neville Chamberlain versuchte, zunächst ohne Erfolg, Hitler von dessen Kriegsplänen gegen die Tschechoslowakei abzubringen. Erst das Münchener Abkommen – wenige Tage später, am 29. September 1938, unterzeichnet – beendete die unmittelbare Kriegsgefahr. Der Beginn des vom NS-Regime bereits beschlossenen Krieges wurde um ein knappes Jahr hinausgeschoben.

Schauplatz der Konferenz in Bad Godesberg war das Rheinhotel Dreesen, in dem Hitler seit den zwanziger Jahren wiederholt abgestiegen war. Chamberlain hatte für das Treffen – wohl ungewollt symbolträchtig – sein Quartier im gegenüberliegenden Hotel Petersberg genommen, das dann auch in der deutschen Nachkriegsgeschichte als Sitz der *Hohen Kommissare* wieder eine bedeutsame Rolle spielen sollte.

DER KRIEG IN DEUTSCHLAND GEGEN DIE VON DEN NATIONALSOZIALISTEN zu „inneren Feinden" erklärten Bevölkerungsgruppen tobte bereits sechs Jahre, als Hitler als oberster Befehlshaber die auf ihn vereidigte Wehrmacht in Polen einmarschieren ließ. Der an diesem 1. September 1939 beginnende Zweite Weltkrieg schränkte zunehmend auch das Leben derjenigen ein, die bislang unbehelligt geblieben waren. Kriegsrecht und Rationierungen bedrohten die existenzielle und materielle Lebensgrundlage der Menschen. Der Tod suchte fast jede Familie heim. Angst und Sorge um die im Felde stehenden Väter, Söhne, Brüder und Ehemänner prägten das tägliche Leben. Etwa 4000 Bonner Kriegsteilnehmer fielen, mehr als 2000 blieben vermißt. Unter den Bomben starben weitere 2000 Zivilisten, fast 20% der Wohngebäude der Stadt wurden zerstört. Opfer des „Dritten Reiches" waren auch die Kriegsgefangenen und Zwangsarbeiter aus besetzten Ländern: notdürftig untergebracht, häufig schikaniert, einige aufgrund von Nichtigkeiten hingerichtet. Ganz Deutschland, große Teile Europas lagen in Schutt und Asche am Ende eines Unheils, das im NS-Staat seinen Anfang genommen hatte.

Die schwersten Zerstörungen in Bonn richtete der Bombenangriff vom 18. Oktober 1944 an. Amerikanische Luftaufnahme der Innenstadt unmittelbar nach Kriegsende.

Auch Rathaus und Universität waren bei Kriegsende schwer beschädigt.

Als am 8. Mai 1945 die Kapitulation unterzeichnet wurde, war der Krieg in Bonn bereits seit zwei Monaten zu Ende. Am Morgen des 9. März hatten amerikanische Truppen das zur Festung erklärte Bonn ohne größeren Widerstand erobert. Noch am Abend zuvor war die Bonn-Beueler Rheinbrücke von deutschen Soldaten gesprengt worden, nachdem der größte Teil der deutschen Truppen auf das rechtsrheinische Ufer gebracht worden war. Die Verantwortung hierfür trug der Bonner „Festungskommandant" General von Bothmer, der die Sinnlo-

Ein amerikanischer Soldat vor der zerstörten Rheinbrücke.

sigkeit weiterer Kampfhandlungen in der Bonner Innenstadt erkannt hatte. Bereits am folgenden Tag wurde er von einem eilends zusammengestellten Standgericht in den Selbstmord getrieben. Die in der Stadt zurückgebliebenen Verwaltungsbeamten – die örtliche NS-Führung hatte das Weite gesucht – übergab die Stadt den Amerikanern. Sie wurden vorläufig in ihren Ämtern bestätigt und erhielten den Auftrag, die notwendigen Maßnahmen zur Versorgung der Bevölkerung und zur Aufrechterhaltung von Ruhe und Ordnung zu ergreifen. Auch Bad Godesberg wurde am gleichen Tag nahezu kampflos eingenommen. Der dort kommandierende deutsche General ergab sich in den Mittagsstunden den Amerikanern.
Länger dauerte der Krieg im Rechtsrheinischen. Über den am 7. März eroberten Brückenkopf bei Remagen drangen die Alliierten langsam nach Norden vor und erreichten am 19. März Ober- und Niederholtorf. Am folgenden Tag ergab sich Beuel, doch war die Gefahr für die Bevölkerung noch nicht vorüber, da erst Anfang April die von deutscher Seite verteidigte Linie entlang der Sieg aufgegeben wurde.

Die in den Jahren 1863–1865 errichtete Villa Hammerschmidt dient seit 1950 als Sitz des Bundespräsidenten.

Die Bundeshauptstadt: Bonn

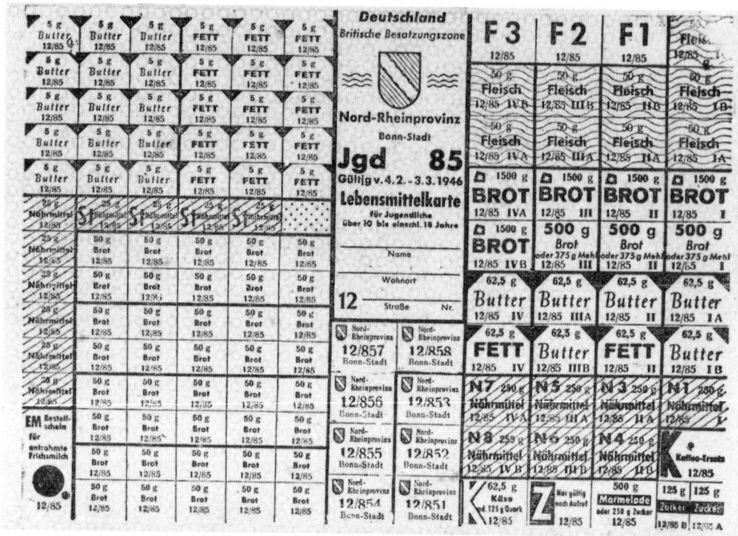

Vom Ausbruch des Zweiten Weltkrieges bis zum Frühjahr 1950 waren Lebensmittel rationiert.

Der Krieg war vorüber, doch Not und Elend blieben. In baulicher Hinsicht hatte vor allem die nördliche Altstadt schwer unter den Zerstörungen gelitten. Aus pragmatischen Gründen wurde hier die Verkehrsführung völlig verändert; anstelle der nun ganz niedergelegten alten, in ihrem Verlauf noch aus dem Mittelalter stammenden Gassen und Straßen wurde mit der Oxfordstraße und dem Bertha-von-Suttner-Platz eine breite Schneise geschlagen, die die Topographie der Stadt vollkommen veränderte. In den anderen Stadtvierteln orientierten sich die Stadtplaner beim Wiederaufbau im wesentlichen an den vorgegebenen Strukturen. Aufs Ganze gesehen gehörte Bonn zu den weniger stark zerstörten Großstädten Deutschlands, doch war auch hier die Versorgung mit Nahrung und Kleidung denkbar schlecht, der Mangel an Wohnraum und Heizmaterial dagegen groß. Schwarzmarkt und Tauschhandel blühten, die „Zigarettenwährung" ersetzte weitgehend die fast wertlos gewordene alte Reichsmark. Die meisten der während des Kriegs Geflüchteten und Evakuierten kehrten zurück. Hinzu kamen Tausende von Flüchtlingen und Vertriebenen. Die redlich bemühte Verwaltung stand vor schier unlösbaren Problemen.

Ende Mai 1945 lösten britische Besatzungstruppen die Amerikaner ab. Im Februar 1946 wurden provisorische Stadt- und Gemeindevertretungen ernannt, im Herbst des gleichen Jahres erfolgten bereits erste Kommunalwahlen, bei denen in Bonn und Bad Godesberg die neugegründete CDU, in Beuel hingegen die wiedergegründete Zentrumspartei die Mehrheit errangen. Nach englischem Vorbild wurde zudem in der briti-

schen Zone das Amt des (Ober)Stadt- bzw. Gemeindedirektors eingeführt, der im Auftrag des Rates als Wahlbeamter die Kommunalverwaltung leiten sollte. Der (Ober)Bürgermeister war hinfort nur noch Vorsitzender der Ratsversammlung und Repräsentant seiner Stadt bzw. Gemeinde.
Auch im Alltagsleben begann die Lage sich allmählich zu normalisieren. Schulen und Universität, der öffentliche Nahverkehr sowie die städtischen Versorgungsbetriebe nahmen ihre Tätigkeit wieder auf. Großes Bedürfnis bestand nach kulturellen Veranstaltungen. Bereits im Juli 1945 wurden Szenen aus Goethes *Faust* aufgeführt. Als Aufführungsort diente anstelle des zerstörten Theaters das provisorisch hergerichtete Akademische Kunstmuseum am Hofgarten. Die Währungsreform des Jahres 1948 bedeutete den Abschluß der ersten und den Beginn der eigentlichen Phase des Wiederaufbaus.

Aufbauarbeiten an der bonnseitigen Brückenauffahrt.

Vorfahrt der Mitglieder des Parlamentarischen Rates zur Eröffnungssitzung am 1. September 1948. Tagungsort war das Zoologische Museum Alexander Koenig. 1912 hatte der wohlhabende Forschungsreisende Alexander Koenig den Grundstein zu diesem Museumsbau gelegt, den er samt seiner Sammlungen 1929 dem Deutschen Reich übereignet hatte.

Als der Parlamentarische Rat am 1. September 1948 in Bonn eröffnet wurde, waren damit bereits die Weichen für die zukünftige Rolle Bonns als Hauptstadt der Bundesrepublik Deutschland gestellt. Schon bald nach Kriegsende war aufgrund der politischen Entwicklung eine Teilung Deutschlands abzusehen. Die Gründung eines demokratischen deutschen Weststaates trat in die entscheidende Phase, als die Alliierten am 1. Juli 1948 die Ministerpräsidenten der innerhalb der drei Westzonen neugeschaffenen Länder beauftragten, eine verfassunggebende Versammlung einzuberufen. Bei der Frage des Tagungsortes für den Parlamentarischen Rat stimmten acht der elf Ministerpräsidenten für Bonn. Im Museum Koenig trat der Verfassungskonvent schließlich zusammen und wählte den Vorsitzenden der CDU, Konrad Adenauer, zum Präsidenten. Neben der Ausarbeitung des Grundgesetzes war die Hauptstadt des neuen Staates zu bestimmen. Bewerbungen gingen ein aus Stuttgart, Kassel, Frankfurt und Bonn. Letztere Stadt wurde vor allem von Adenauer mit Nachdruck befürwortet. Sehr bald kam es auch in der Öffentlichkeit zum Zweikampf zwischen Frankfurt, das seine traditionsreiche Rolle als freie Reichsstadt, als Wahl- und Krönungsort der deutschen Könige und als Sitz der Deutschen Nationalversammlung geltend machte, und Bonn, das sich als Tagungsort des Parlamentarischen Rates für weitere Aufgaben empfohlen hatte.

In der entscheidenden Sitzung vom 10. Mai 1949 sprach sich eine knappe Mehrheit des Parlamentarischen Rates für Bonn als zukünftigen Regierungssitz aus. Zwei Gründe scheinen vor allem den Ausschlag für die frühere kurkölnische Haupt- und Residenzstadt gegeben zu haben: Bonn bot die besseren räumlichen Voraussetzungen für die Unterbringung der Bundesorgane, und man hielt Bonn gegenüber Frankfurt für geeigneter als Provisorium, denn damals sahen viele in der Gründung der Bundesrepublik nur den ersten Schritt auf dem Wege zu einem wiedervereinigten Deutschland, dessen Hauptstadt Berlin werden sollte. Mit Unverständnis und Spott reagierte die Presse im In- und Ausland auf die Entscheidung des Parlamentarischen Rates, der sich gegen die Metropole am Main für das Provinzstädtchen am Rhein ausgesprochen hatte. Nach der Verkündung des Grundgesetzes am 23. Mai 1949 und der Wahl zum Ersten Deutschen Bundestag am 14. August nahm das Parlament am 7. September 1949 seine Arbeit auf. Ein Antrag der SPD-Fraktion, den Sitz der Bundesregierung doch noch nach Frankfurt zu verlegen, fand keine Mehrheit. Bonn war damit endgültig die vorläufige Hauptstadt der Bundesrepublik Deutschland.

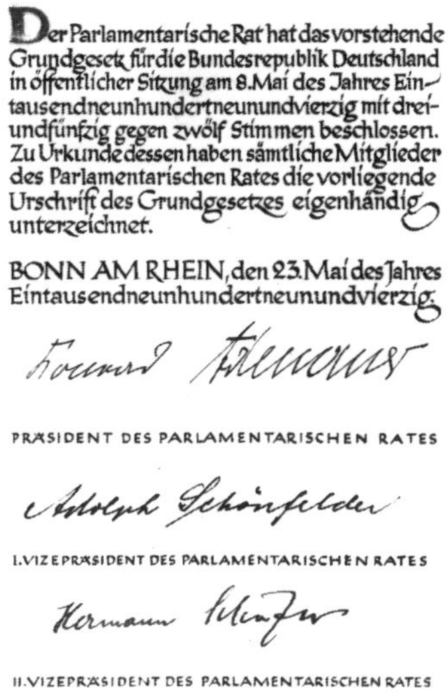

Der Parlamentarische Rat hat das vorstehende Grundgesetz für die Bundesrepublik Deutschland in öffentlicher Sitzung am 8. Mai des Jahres Eintausendneunhundertneunundvierzig mit dreiundfünfzig gegen zwölf Stimmen beschlossen. Zu Urkunde dessen haben sämtliche Mitglieder des Parlamentarischen Rates die vorliegende Urschrift des Grundgesetzes eigenhändig unterzeichnet.

BONN AM RHEIN, den 23. Mai des Jahres Eintausendneunhundertneunundvierzig

Konrad Adenauer

PRÄSIDENT DES PARLAMENTARISCHEN RATES

Adolph Schönfelder

I. VIZEPRÄSIDENT DES PARLAMENTARISCHEN RATES

Hermann Schäfer

II. VIZEPRÄSIDENT DES PARLAMENTARISCHEN RATES

Konrad Adenauer (1876–1967) und Theodor Heuss (1884–1963). Der erste Bundeskanzler und der erste Bundespräsident sind zu Symbolfiguren für die Frühgeschichte der Bundesrepublik Deutschland geworden.

Zaungäste verfolgen die ersten Bundestagssitzungen im neugebauten Plenarsaal.

Binnen kürzester Zeit mußte Bonn für die Organe des neuen Staates die nötigen Dienststellen und für die nach Bonn kommenden Abgeordneten und Mitarbeiter den erforderlichen Wohnraum schaffen. Kasernen, Bürgerhäuser, Villen und ein Hochschulgebäude wurden den neuen Bedürfnissen und Funktionen angepaßt. Die Bonner Handwerker und Bürger, die ihre Stadt bereits zu einem guten Teil wiederaufgebaut und anläßlich der Tagungen des Parlamentarischen Rates großes Engagement bewiesen hatten, sorgten nun dafür, daß bis zum Sommer 1950 mehr als 20 Dienststellen für fast 7000 Mitarbeiter eingerichtet wurden. Abgesehen von einigen wenigen Neubauten, wie dem Auswärtigen Amt und dem Bundespostministerium an der Koblenzer Straße, der späteren Adenauerallee, wurden die Bundesbehörden ausschließlich in bereits vorhandenen Gebäuden untergebracht.
Auch die umliegenden Kommunen, wie Bad Godesberg oder das Amt Duisdorf, wurden bereits 1948 in die Planungen miteinbezogen. Der städtebauliche und soziale Wandel, der mit der Hauptstadtwerdung Bonns einherging, begann auch das Gesicht und die Strukturen der Nachbargemeinden zu verändern. Mit mehr als 1000 Bediensteten bildete beispielsweise das Wirtschaftsressort das größte Ministerium im Geburtsjahr der Bundesrepublik Deutschland. Es war eines von insgesamt vier Ministerien, die in den 1937/38 in Duisdorf erbauten Kasernen untergebracht wurden.
Zentrum des politischen Lebens wurde die aus dem Anfang der dreißiger Jahre stammende frühere Pädagogische Akademie. Dieser Bau hatte sich bereits 1948 neben dem Museum Koenig als geeignete Tagungsstätte für den Parlamentarischen Rat erwiesen. Schon Wochen vor der Wahl Bonns zur Bundeshauptstadt begann nach Plänen von Professor

Das Bundeswirtschaftsministerium in den früheren Duisdorfer Kasernen.

Die ehemalige Pädagogische Akademie mit dem links angebauten Plenarsaal.

Hans Schwippert der Ausbau der früheren Hochschule, der vor allem den Neubau eines Plenarsaales vorsah. Termingerecht zur konstituierenden Sitzung des ersten Deutschen Bundestages am 7. September 1949 waren die Arbeiten beendet. Daß der Bau mit der Zeit Mittelpunkt eines regelrechten Regierungsviertels würde, war damals kaum vorhersehbar; schon bald jedoch wurde das „Weiße Haus" am Rhein zum Symbol eines aufstrebenden neuen deutschen Staates.
1950 konnte dann der erste Bundespräsident, Professor Theodor Heuss, aus seinem vorübergehenden Amtssitz auf der Viktorshöhe in Bad Godesberg in die 1863/65 errichtete Villa Hammerschmidt übersiedeln. Das benachbarte 1858/60 erbaute Palais Schaumburg wurde zum Domizil des Bundeskanzlers bestimmt. Bis zu seinem Rücktritt im Jahre 1963 führte der in Rhöndorf wohnende Konrad Adenauer von hier aus die Regierungsgeschäfte.

Das Palais Schaumburg. Von 1949 bis 1976 Amtssitz des Bundeskanzlers.

Der äthiopische Kaiser Haile Selassie mit dem Bonner Oberbürgermeister Busen an der Rathaustreppe.

DIE VIELEN GÄSTE sind eines der sichtbarsten Kennzeichen der neuen Funktion Bonns. Zum regen Fremdenverkehr, der schon in früheren Zeiten die Stadt am Rhein belebte, kommen heute die vielen Besucher hinzu, die die jüngste unter den europäischen Hauptstädten und eine der kleinsten dazu in Augenschein nehmen wollen.

Großes Aufsehen unter der Bonner Bevölkerung erregten in den Anfangsjahren die vielen offiziellen Staatsbesuche.

Den Reigen der gekrönten Häupter eröffnete der äthiopische Kaiser Haile Selassie im Jahre 1954. Von größter politischer Bedeutung, vor

Der amerikanische Präsident John F. Kennedy bei seinem Bonn-Besuch am 24. Juni 1963 auf der Treppe des Bonner Rathauses.

allem unter dem Eindruck der endgültigen Westintegration der Bundesrepublik, waren die Besuche des französischen Staatspräsidenten Charles de Gaulle (1962), des Präsidenten der Vereinigten Staaten von Amerika, John F. Kennedy (1963), und der Königin von England Elisabeth II. (1965). Tausende von jubelnder Menschen säumten die Straßen und Plätze der Stadt, verstand man die Besuche doch – wohl auch zu Recht – als Zeichen der Versöhnung und Anerkennung eines neuen Deutschland. Mit der Zeit wurden auch die Staatsgäste ein Stück Bonner Alltag. Nur sehr illustre Besucher, wie das englische Thronfolgerpaar im Jahre 1987, erwecken heute noch das gleiche Interesse in der Öffentlichkeit, wie es seinerzeit in den Kinderjahren der Republik der Fall war.

Charakteristischer noch sind die Angehörigen der zahlreichen ausländischen Vertretungen in und um Bonn. Mit fast allen Staaten der Erde unterhält die Bundesrepublik diplomatische Beziehungen. Mehr als 150 Botschaften – von Ägypten bis Zypern – nennt die offizielle Liste der diplomatischen Missionen.

Für die repräsentativen Bedürfnisse der Auslandsvertretungen fanden die vielen unzerstörten Villen des 19. und beginnenden 20. Jahrhunderts in Bonn und Bad Godesberg ideale Verwendung. Sie dienen als Botschaften und Botschafterresidenzen, der größte Teil befindet sich bezeichnenderweise in Bad Godesberg. Eine Reihe größerer Staaten entschloß sich jedoch auch zu Neubauten, die in ihrer Architektur häufig an die Ursprungsländer der Auftraggeber erinnern und damit eine reizvolle Bereicherung nicht nur in städtebaulicher Hinsicht darstellen.

Königin Elisabeth II. von England bei ihrem Spaziergang durch die Bonner Innenstadt im Mai 1965 vor dem Beethoven-Denkmal.

Die ehemals kurfürstliche ›Redoute‹ im Zentrum von Bad Godesberg ist häufig Schauplatz großer Staatsempfänge.

RASCH – ALLZU RASCH SAGEN MANCHE – erholte sich die Republik dank des „Wirtschaftswunders" von den geistigen und materiellen Verwüstungen des Nationalsozialismus. Bereits Mitte der fünfziger Jahre waren die Zerstörungen des Zweiten Weltkrieges auch in den Bonner Nachbargemeinden weitestgehend behoben.

Hinter dem im Abbruch befindlichen Beueler Rathaus erhebt sich der neue, 1962 bezogene Rathausbau, heute Sitz der Bezirksverwaltungsstelle Beuel.

Beuel, das Bonner vis-à-vis, in dem zunächst keine Bundesbehörden eingerichtet worden waren, erhielt 1952 den Titel einer Stadt. 1962 wurde das neue Rathaus fertiggestellt, das, wie es in einer damals erschienenen Schrift hieß, „Einheit und Selbstbewußtsein der jungen Stadt weithin sichtbar" machen sollte. Insgesamt jedoch hatte sich der Charakter Beuels als industrieller Vorort Bonns eher noch verstärkt. Hinzu kam, daß in jenen Jahren viele Bonner nach Beuel in die in großer Zahl entstehenden Siedlungen zogen; die privaten und wirtschaftlichen Bindungen über den Rhein hinweg nahmen an Intensität weiter zu.

Das Amt Duisdorf im Westen und Nordwesten Bonns wurde von der Hauptstadtwerdung viel unmittelbarer betroffen: Die weitgehend agrarisch strukturierten Gemeinden des Amtes erlebten in diesen Jahren einen außerordentlichen Wandel, vor allem in sozialer und baulicher Hinsicht. Auf die Ansiedlung der Ministerien in den früheren Kasernen folgte eine geradezu explosionsartige Bevölkerungszunahme. In den Augen vieler, gerade der Neubürger, war Duisdorf bereits vor der Raum-

Das alte Duisdorf wird überragt von den zahlreichen Neubauten der Nachkriegszeit.

ordnung von 1969 ein wesentlicher Bestandteil der Bundeshauptstadt geworden.

Auch Bad Godesberg blieb von der neuen Rolle Bonns nicht unberührt. In Plittersdorf beispielsweise errichteten die Amerikaner für die Angestellten der Hohen Kommission ein eigenes Stadtviertel. Neue Wohngebiete wurden für die vielen zugezogenen Bundesbediensteten und für die Mitarbeiter der zahlreichen diplomatischen Vertretungen erschlossen. 1952 fand die Einweihung des neu errichteten Stadttheaters statt. 1955 war die Stadthalle fertiggestellt. Hier verabschiedete die SPD 1959 ihr richtungweisendes Godesberger Programm. Auf heftige Kritik nicht nur von seiten der betroffenen Bevölkerung stieß die „Altstadtsanierung". In den sechziger Jahren begann der systematische Abbruch der kleinteiligen, noch weitgehend dörflich anmutenden Godesberger Innenstadt. Bis 1980 entstand auf diese Weise in mehreren Etappen zwischen dem rheinwärts gelegenen Villenviertel und dem kurfürstlichen Bad Godesberg mit Redoute und Mineralbrunnen ein großes verkehrsfreies Geschäftszentrum.

Im Laufe der Jahre wurde immer deutlicher, daß die Aufgaben einer Hauptstadt auf Dauer nicht von Alt-Bonn allein, sondern nur vom Bonner Raum insgesamt erfüllt werden konnten.

Zwischen den beiden etwa vom gleichen Blickwinkel aus gemachten Aufnahmen liegen ziemlich genau zwei Jahrzehnte. 1980 erinnerte nichts mehr an den Zustand von 1961, dem Zeitpunkt des älteren Fotos. Lediglich die Ruine der Godesburg, in die Gottfried Böhm bis 1961 einen Hotel- und Gaststättentrakt hineingebaut hat, ist unverändert geblieben.

EINGEMEINDUNGSWÜNSCHE WAREN SCHON SEIT DEM 19. JAHRHUNDERT immer wieder abwechselnd von Bonn und von den Nachbarorten geäußert worden. Nur einmal, 1904, war es im Zuge der Auflösung der Bürgermeisterei Poppelsdorf zu einer Vergrößerung des Bonner Stadtgebietes gekommen.

Auch nach dem Zweiten Weltkrieg wurden sofort Eingemeindungsverhandlungen zwischen Bonn und Beuel geführt, die allerdings erfolglos blieben. Seit den sechziger Jahren verstärkten sich die Bemühungen, die für den weiteren Ausbau der Hauptstadt als unzulänglich empfundene kommunale Gliederung des Bonner Raums neu zu ordnen. Erstmals erwog man auch die Einbeziehung Bad Godesbergs in eine Gesamtstadt. Zahlreiche Varianten wurden in den folgenden Jahren diskutiert, bis schließlich am 1. August 1969 das *Gesetz zur kommunalen Neugliederung des Raumes Bonn* in Kraft trat. Die Städte Bonn, Beuel, Bad Godesberg und die Gemeinden Buschdorf, Duisdorf, Ippendorf, Lengsdorf, Lessenich und Röttgen (bislang Teile des Amtes Duisdorf), Holzlar (bislang: Amt Menden) sowie Oberkassel (bislang: Amt Oberkassel) wurden zur neuen Stadt Bonn zusammengeschlossen. Protest und Widerspruch hatten sich bereits bei Bekanntwerden der Pläne geregt; vor allem in Beuel und Bad Godesberg wollte man die kommunale Selbständigkeit erhalten. Der Widerstand war erfolglos, die seinerzeit entstandenen Wunden verheilten nur langsam.

Das 1978 bezugsfertige und in seinen baulichen Dimensionen ebenfalls nicht unumstrittene neue Stadthaus beherbergt mit seinen 1700 Arbeitsplätzen den größten Teil der Bonner Stadtverwaltung.

Luftaufnahme von Bonn im Sommer 1985.

BONN ALS BUNDESHAUPTSTADT war zunächst lediglich als Provisorium gedacht. Der „kalte Krieg" und der immer tiefer werdende Graben zwischen Ost und West ließen Berlin, die „eigentliche deutsche Hauptstadt", wieder stärker zum Symbol eines geeinten Deutschland werden. Der Bundestag machte sich das damals viel gehörte Wort: „Jede Mark für Bonn ist ein Verrat an Berlin" zu eigen und beschloß 1956, keine Bundesbauten in Bonn mehr zu errichten.

Durch die internationale politische Entwicklung, insbesondere den Mauerbau von 1961, traten dann jedoch realistischere Einschätzungen in den Vordergrund. Bereits 1962 wurden, zunächst unter strengster Geheimhaltung, Gutachten über den weiteren Hauptstadt-Ausbau eingeholt. Gewiß spielten Prestigefragen eine Rolle, vor allem jedoch war die unzureichende Unterbringung vieler Dienststellen in angemieteten Räumen auf Dauer untragbar. Mit dem 1969 bezugsfertigen Abgeordnetenhochhaus unweit des Bundeshauses am Rhein gehörte der selbstauferlegte Baustopp endgültig der Vergangenheit an. Das bis heute höchste Gebäude der Stadt sollte der Anfang für einen ganzen Komplex von Regierungsbauten werden; bis heute jedoch steht der von den Bonnern ungeliebte „Lange Eugen" baulich isoliert da. Umstritten waren auch

Das Bonner Regierungsviertel mit dem ›Langen Eugen‹, so genannt aufgrund der geringen Körpergröße des eigentlichen Bauherrn, des damaligen Bundestagspräsidenten, Dr. Eugen Gerstenmaier. Im Hintergrund noch die im Bau befindliche Südbrücke und der noch teilweise landschaftlich genutzte spätere Rheinauenpark. Aufnahme von 1971.

die beiden nächsten Großprojekte, die 1973 fertiggestellten sogenannten Kreuzbauten für die Ministerien Justiz, Forschung und Technologie sowie Bildung und Wissenschaft an der „Diplomatenrennbahn", wie die Godesberger Allee scherzhaft genannt wird, sowie das im Oktober 1974 von Helmut Schmidt bezogene neue Bundeskanzleramt unweit des alten Palais Schaumburg.
1970 war es zwischen Bund, Land und Stadt zur *Bonn-Vereinbarung* gekommen. Beschlossen wurde eine Kooperation sowie eine Finanzhilfe für die hauptstadtbedingten Aufgaben der Stadt. Zehn Jahre später wurde die Vereinbarung erneuert.
In der Regierungserklärung Willy Brandts vom Januar 1973 bekannte sich die Bundesregierung auch offiziell zu ihrer Hauptstadt. Bonn gilt seitdem als endgültige Hauptstadt der Bundesrepublik Deutschland.
Vor diesem Hintergrund verwundert es nicht, daß gigantische Pläne zum Ausbau Bonns als Regierungssitz erarbeitet wurden; das vielzitierte „13-Milliarden-Programm" wird jedoch nur in Ansätzen verwirklicht.
1975 wurde die *Hauptstadtvereinbarung* zwischen Bund, Land und Stadt abgeschlossen: Die Finanzierung der Bundesbauvorhaben wurde geklärt, ein gemeinsamer Planungs- und Koordinierungsausschuß gebildet. Neben weiteren Behörden und dem vielgetadelten Neubau des Bundestagsplenarsaals entsteht eine Reihe repräsentativer Bundesbauten, darunter eine Kunst- und Ausstellungshalle des Bundes sowie das *Haus der Geschichte der Bundesrepublik Deutschland.* Gerade dieses letztere Projekt beweist, daß die Zeit des hauptstädtischen Provisoriums als abgeschlossen betrachtet wird.

In dem 1900 in Betrieb genommenen ehemaligen städtischen Wasserwerk tagt während des Neubaus des Plenarsaals der Bundestag.

Die Bonner Innenstadt vom Beueler Ufer aus gesehen mit dem 1965 eröffneten Stadttheater. Seit 1986 finden hier nur Opernaufführungen statt; das Schauspiel wurde auf die Bad Godesberger Bühne verlegt.

EINE DARSTELLUNG DER NEUEREN UND NEUESTEN GESCHICHTE der Stadt Bonn erscheint plausibel nur vor dem Hintergrund ihrer Rolle als Bundeshauptstadt, doch sollte nicht vergessen werden, daß Bonn inzwischen mit einer Einwohnerzahl von etwa 300 000 zu einer modernen Großstadt mit all ihren Reizen und Nachteilen geworden ist.

Die Stadt ist in den letzten vier Jahrzehnten überdurchschnittlich stark gewachsen, in noch größerem Maße nahm die Zahl der Arbeitsplätze, insbesondere in den sogenannten gehobenen Positionen zu. Die bebaute Fläche hat sich zwischen 1949 und 1974 mehr als verdoppelt. Im Norden der Stadt, aber auch in den 1969 mit Bonn zusammengeschlossenen Gemeinden wurden Satellitenstädte mit den ihnen eigenen Problemen geradezu aus dem Boden gestampft.

Sonderkartenverkauf anläßlich der Eröffnung der ersten Teilstrecke der Bonner U-Bahn im Jahre 1975.

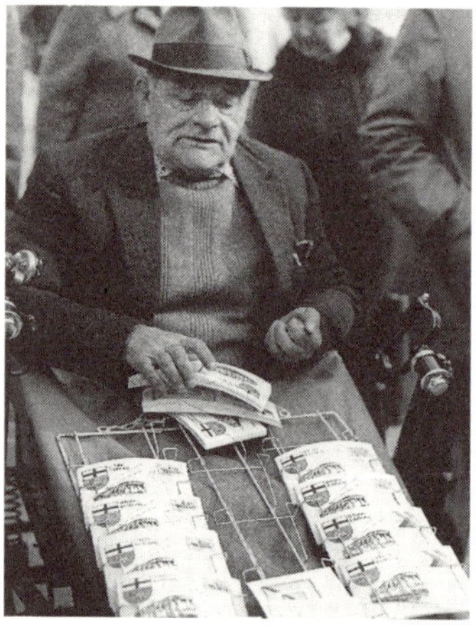

Die schwierige Verkehrssituation der Stadt ist ein Dauerbrenner in der Bonner Kommunalpolitik. Die 1964 fertiggestellte Ortsumgehung der Bundesstraße 9, die beiden neuen Rheinbrücken sowie die Schaffung verkehrsfreier und verkehrsberuhigter Zonen in den Innenstadtgebieten brachten jedoch keine Lösung, sondern nur eine Verlagerung der gravierenden Verkehrsprobleme.

1959 wurde die neue Beethovenhalle eingeweiht. Privattheater und das 1986 in einer stillgelegten Brotfabrik in Beuel eingerichtete alternative Kulturzentrum ergänzen die beiden städtischen Bühnen. Eine weitere Bereicherung der vielfältigen Bonner Museenlandschaft ist das im Bau befindliche neue Städtische Kunstmuseum.

Im Zuge des Bevölkerungszuwachses entstanden weitere Schulen, Sportanlagen und Gotteshäuser, darunter die neue Synagoge.

Der Rheinauenpark mit dem Siebengebirge im Hintergrund.

BONN ZÄHLT ZU DEN GRÜNSTEN STÄDTEN IM LAND. Dies ist nicht politisch zu verstehen – die Stadt ist seit Bestehen der Partei eine sichere Hochburg der CDU. Gemeint sind vielmehr die vielen Grünanlagen, Spielplätze und vor allem der Rheinauenpark südlich des Regierungsviertels zwischen den Stadtbezirken Bonn und Bad Godesberg. Bereits 1970 hatte die Stadt das riesige Gelände aus Privatbesitz erworben und neun Jahre später dort die viel beachtete Bundesgartenschau ausgerichtet. Auch im Anschluß an die von 7,6 Mio Gästen besuchte Schau wurde und wird das Gelände für die unterschiedlichsten Formen der Freizeitgestaltung genutzt; die regelmäßig stattfindenden Flohmärkte sind zu einer Attraktion für die gesamte Region geworden.
Daß Bonn die grünste Hauptstadt Europas ist, verdankt die Stadt nicht zuletzt auch den waldreichen Naherholungsgebieten des Kottenforstes und des Ennert am Beginn des Siebengebirges. In kurfürstlicher Zeit war der Kottenforst ein beliebtes Jagdrevier. Die seinerzeit für die Parforcejagd angelegten Wege durchziehen bis heute das weit in den Rhein-Sieg-Kreis hineinreichende Waldgebiet. Der Naturpark Siebengebirge, dessen nördliche Ausläufer in das Bonner Stadtgebiet ragen, ist das älteste Naturschutzgebiet Deutschlands. Teil der jüngsten Stadtgeschichte ist bereits auch der seit 1973 jährlich veranstaltete „Bonner Sommer". An jedem Wochenende zwischen Mai und September verwandelt sich die Innenstadt zwischen Markt- und Münsterplatz in eine Freiluftbühne mit einem vielseitigen Kultur- und Unterhaltungsprogramm. Auch andere Stadtbezirke beteiligen sich inzwischen am „Bonner Sommer", und zahlreiche andere Städte haben die Idee aufgegriffen.

Die allgegenwärtige Presse.

SCHAUFENSTER DER BUNDESREPUBLIK – diese Bezeichnung Bonns hat durchaus ihre Berechtigung. Unüberschaubar ist die Zahl der in Bonn tätigen Journalisten. Presse, Rundfunk und Fernsehen aus dem gesamten In- und Ausland sind in Bonn vertreten. In erster Linie sind sie der Politik wegen in der Bundeshauptstadt, doch berichten sie auch dann aus ihr und über sie, wenn es um gesamtbundesdeutsche Themen geht. Das wirtschaftliche, soziale und kulturelle Bonn wird damit gewollt oder ungewollt zum Aushängeschild des ganzen Landes. Charakteristisch für die Funktion Bonns als Hauptstadt sind die hier überaus zahlreich beheimateten Lobbyisten. Sie vertreten die Interessen von Standes- und Berufsorganisationen, von Verbänden, Vereinigungen und Konzernen. Sie bemühen sich um den ständigen Kontakt mit den Politikern und sind dem Vernehmen nach eher beim Plenarsaal des Bundestages als in ihren Büros zu erreichen. Die offizielle Statistik gibt für 1950 lediglich 19 derartige Vertretungen an, 1974 sind es bereits 544. Mehr als 1500 nennt die aktuelle Lobbyliste des Bundestages, und der Trend hält an. Berücksichtigt man ferner die in Bonn ansässigen Parteizentralen, die parteinahen Stiftungen und die Vertretungen der Bundesländer, so verwundert es nicht, daß jeder dritte Arbeitsplatz und damit jedes dritte in Bonn gezahlte Gehalt bundesbedingt ist.

Zu politischen Kultur – manche sagen „Unkultur" – gehören auch die zahllosen Kundgebungen und Demonstrationen in dieser Stadt. Sie erreichten ihren bisherigen Höhepunkt mit den beiden großen Friedensdemonstrationen 1981 und 1983, an denen jeweils mehr als 200000 Menschen teilnahmen. Weniger friedlich war es 1973 zugegangen, als anläßlich des Besuchs des südvietnamesischen Staatspräsidenten Van Thieu Demonstranten gewaltsam in das Rathaus eindrangen und große Schäden anrichteten; als „Bonner Rathaussturm" geisterte dieser Vorfall durch die Medienlandschaft.

Wie viele andere in Bonn ansässige Spitzenverbände bezog auch die Bundesarchitektenkammer ein bauliches Kleinod. Das Lippische Landhaus in Oberkassel hatte Johann Conrad Schlaun 1764 für die Familie von Meinertzhagen erbaut. Noch im 18. Jahrhundert kam es in den Besitz der Fürsten zur Lippe.

DIE BEDEUTUNG DER UNIVERSITÄT gerät angesichts der Rolle Bonns als Bundeshauptstadt gelegentlich in Vergessenheit. Seit ihrer Gründung durch den Kölner Kurfürsten im Jahre 1777 und ihrer Wiederbegründung durch den preußischen Staat im Jahre 1818 wirkt die Hochschule bis heute prägend auf das Stadtleben.

Durch den Krieg war der Lehrbetrieb im Oktober 1944 eingestellt worden. Unter größten Schwierigkeiten nahm man im November 1945 die Arbeit wieder auf. Bereits 1951 konnte das wiederhergestellte alte Residenzschloß, in dem weiterhin die geisteswissenschaftlichen Fakultäten ihr Zentrum haben, feierlich eingeweiht werden. Auch die naturwissenschaftlichen und landwirtschaftlichen Fakultäten bezogen wieder ihre alten Räumlichkeiten, nachdem die notwendigen Instandsetzungsarbeiten beendet waren. Die größtenteils noch aus dem 19. Jahrhundert stammenden Klinikgebäude im Norden der Bonner Altstadt wurden dagegen nicht wieder aufgebaut, sondern auf den Venusberg verlegt, wo die großen Kasernenanlagen aus den 1930er Jahren entsprechend hergerichtet wurden. Neu errichtet wurden 1960 die Universitätsbibliothek und 1967 das sogenannte Juridicum für die Rechts- und Staatswissenschaftliche Fakultät, beide an der Adenauerallee gelegen.

Neubauten erhielt ebenfalls die Pädagogische Hochschule, in deren Akademiegebäude bekanntlich der Bund Einzug gehalten hatte. Als erziehungswissenschaftliche Fakultät wurde sie 1980 der Universität eingegliedert. Mit über 40000 Studenten im Wintersemester 1987/88 zählt die Rheinische Friedrich-Wilhelms-Universität weiterhin zu den bedeutenden Hochschulen unseres Landes.

Studenten auf der Hofgartenwiese vor dem Universitätshauptgebäude, dem früheren kurfürstlichen Residenzschloß.

BONN FEIERT 1989 ein großes, das ganze Jahr über dauerndes Fest mit unzähligen Veranstaltungen aller Art. Anlaß für dieses seit langem vorbereitete Jubiläum ist der uns überlieferte Brückenbau des römischen Feldherrn Drusus bei Bonn vor ziemlich genau 2000 Jahren. Der antike Schriftsteller Florus wußte davon zu berichten und lieferte damit gleichzeitig den ersten schriftlichen Beleg für den Ortsnamen Bonn.
Gleichzeitig feiert die Bundesrepublik Deutschland ihr 40jähriges Bestehen. Das Doppeljubiläum ist Ausdruck der neuen Rolle Bonns, die der alten Stadt zunächst nicht auf den Leib geschneidert zu sein schien. Dieser Zusammenschluß von mehr als 30 Dörfern und Weilern beiderseits des Rheins rund um einen im Mittelalter zur Stadt erhobenen Kern mit zum Teil eigenen, jahrhundertealten Traditionen ist nunmehr Hauptstadt eines der reichsten Staaten der Erde. Zwar ist schon lange nicht mehr die Rede von Bonn als dem größten Dorf der Republik, doch besitzt die Stadt in den Augen vieler immer noch einen Hauch des Provinziellen. Hierin aber liegen gerade viele der Vorzüge und Reize dieser Stadt.
„Bonn ist mehr", lautet ein Werbeslogan. In der Tat: Bonn ist weit mehr als nur Regierungssitz, eine Funktion, die zugegebenermaßen das Gesicht dieser Stadt maßgeblich verändert hat. Es gibt jedoch auch das Bonn jenseits des Regierungsviertels mit einer viel größeren, reichen und bewegten Vergangenheit. Diese Entwicklung von den ersten Spuren menschlichen Daseins bis zum Vorabend der 2000-Jahr-Feier nachzuzeichnen war die Aufgabe der vorliegenden *Geschichte in Bildern.*
Die Arbeit des Historikers ist damit getan; eine Fortsetzung über die Gegenwart hinaus zu schreiben ist Sache der Stadtplaner, mehr noch der Bürger und der von ihnen gewählten Vertreter.

Entwurf der Sonderbriefmarke zur 2000-Jahr-Feier der Stadt Bonn von Prof. Peter Steiner, Stuttgart.

Bildnachweis

Büchel, Karl Heinz: 105 oben
Bundespostministerium: 159
Cloos, Hans: 132
Forster, Renate v. / Bilderberg Archiv, Hamburg: 156 oben
Gaertner, Rainer, DGPh, Bergisch Gladbach: 23
Gier, Friedrich: 25
Heimatmuseum Beuel (Photo Karl-Heinz Müller): 108 unten
Heimatverein Oberkassel (Photo Karl-Heinz Müller): 81 oben, 108 oben
Kleinpass, Hans: 107 unten
Kunstsammlungen der Veste Coburg: 33 oben
Landeshauptarchiv Koblenz: 123 oben
Musikverlag C. F. Peters, Frankfurt: Abdruck aus Faksimileausgabe Beethoven, IX. Symphonie d mit Genehmigung von C. F. Peters, Frankfurt: 65
Müller, Karl-Heinz, Köln: 12
Ordinariat des Altkatholischen Bistums, Bonn: 96
Rheinisches Amt für Denkmalpflege: 21 unten, 58, 59
Rheinisches Bildarchiv: 36 unten, 37 oben, 50
Rheinisches Landesmuseum Bonn: 11, 15, 16, 17, 18, 19, 24
Sammlung Verband alter Corpsstudenten im Institut für Hochschulkunde der Universität Würzburg: 90
Sondermann, Michael (Presse- und Werbeamt der Stadt Bonn): 146 oben, 147 unten, 154, 155, 156, 157
Staatsarchiv Basel, PA 207, 27 fol. 99: 85 oben
Stadtarchiv und wissenschaftliche Stadtbibliothek Bonn: 144, 145, 146 unten, 147 oben, 148, 149, 150, 152, 153, 154, 155
Stadtarchiv und wissenschaftliche Stadtbibliothek Bonn (Photo Karl-Heinz Müller): Umschlag- und Titelbild, 6, 13 unten, 14, 20, 27, 30, 32, 34, 35, 36 oben, 38, 39, 41, 42, 43, 44, 45, 46, 47, 49, 51, 52, 53, 55, 56/57, 59, 61 Mitte, 62, 63, 64, 67, 70/71, 73, 74, 76, 77, 79, 80, 81 unten, 82, 83, 84, 86, 87, 88, 89, 91, 93, 94, 95, 96, 97, 98, 99, 100, 101, 102, 103, 104, 105, 106, 107 oben und Mitte, 109, 110, 111, 112, 113 oben und Mitte, 114, 115, 116, 117, 119, 120, 121, 123 unten, 124, 125, 126, 127, 128, 129, 131, 132, 133 unten, 134, 135, 136, 137, 139, 140, 141, 143, 150
Stadtarchiv und wissenschaftliche Stadtbibliothek Bonn (Photo Friedhelm Schulz, Presse- und Werbeamt der Stadt Bonn): 21, 28 unten, 29, 31, 33, 37 unten, 48, 85, 122, 133, 142.
Städtisches Kunstmuseum Bonn (Photo Karl-Heinz Müller): 26, 68, 69, 75
Städtisches Kunstmuseum Bonn (Fotostudio Wolfgang Morell, Bonn): 113 unten
Städtisches Kunstmuseum Bonn (Photo Gerhard Sachsse): 28 oben, 49 oben, 60, 61 oben, 66
Stuttgarter Luftbild, Freigabe Reg.-Präs. Stuttgart, Nr. 9/79028: 151
Universitätsarchiv Bonn: 130
Universitäts- und Stadtbibliothek Köln (Photo Karl-Heinz Müller): 21
Universitätsbibliothek Heidelberg: 13 oben